fotoforum Crashkurs

Fotos scannen mit SilverFast

Das Workshop-Buch für den schnellen Einstieg

Peter Hoffmann

AF859897

Fotos scannen mit SilverFast

Der Crashkurs führt Sie durch alle Phasen der Digitalisierung analogen Bildmaterials mit SilverFast Ai Studio und erörtert, wie Sie dieses in einem weiteren Arbeitsschritt korrigieren und optimieren. Weiter erfahren Sie, wie Sie ein analoges und digitales Archiv aufbauen.

Bilder digitalisieren
Analoges Bildmaterial lagert in Form von Dias, Negativen und Fotoabzügen in Fotoalben, in Diamagazinen oder Fotoboxen. Wertvolle Erinnerungen, die im Zeitalter digitaler Medien oft ungesehen bleiben und vielleicht auch verloren gehen können. Dieser Crashkurs zeigt, wie Sie Ihre analogen Schätze mit **SilverFast Ai Studio** digitalisieren.

Bilder korrigieren und optimieren
Doch das Digitalisieren analogen Materials stellt nur einen ersten Workflow-Schritt dar. Das Bildmaterial wird in vielen Fällen zu korrigieren und zu optimieren sein. Das ist mit **SilverFast Ai Studio** möglich und bei einzeln digitalisierten Bildern auch sinnvoll. Werden jedoch, wie es beim Archivieren häufig geschieht, größere Mengen an Bildern nacheinander gescannt, ist es sinnvoll, die Bearbeitung nachgelagert durchzuführen. So kann das Scannen in vielen Fällen bei Verwendung eines geeigneten Scanners automatisiert und im Stapelverfahren durchgeführt werden. Und auch bei der Bildbearbeitung sparen Sie Zeit, weil vor allem korrigierende Arbeitsschritte wie das Entfernen von Staub und Kratzern als Batch-Prozess durchgeführt werden können.

Das in der **Archive Suite** enthaltene **SilverFast HDR Studio** bietet die dazu erforderlichen Werkzeuge. Im Crashkurs stellen wir sie vor. Viele Fotografen sind zwischenzeitlich mit dem digitalen Workflow vertraut und nutzen Programme wie Lightroom oder ACDSee, Photoshop oder Affinity Photo zur Korrektur und zur Optimierung ihrer Fotos. Das ist sinnvoll, allerdings fehlen all diesen Programmen die Funktionen zur automatisierten, auf den Informationen des Infrarotkanals basierenden Tools, die nur **HDR Studio** bietet.

Bilder archivieren
Spätestens beim dritten Bearbeitungs- oder Workflow-Schritt wird die Verwendung eines Archivierungsprogramms erforderlich. Wieder

bieten sich Bilddatenbanken wie Lightroom, ACDSee, DigiKam oder Studioline an. All diese Bilddatenbanken verfügen über Werkzeuge, um die Metadaten des Bildes, das heißt die Exif- und IPTC-Informationen, zu editieren oder um Stichworte hinzuzufügen. Wie das möglichst zeitsparend geht, schauen wir uns am Beispiel Lightrooms an, das unter Fotografen weit verbreitet ist. Über die Möglichkeit hinaus textuelle Bildinformationen zum Foto hinzuzufügen, kann Lightroom Bilder in Sammlungen strukturieren. Anders als bei Ordnern, die die physikalische Ablagestruktur widerspiegeln, werden Fotos in Sammlungen virtuell zusammengestellt und zeichnen ein Bild davon, wie Sie sie thematisch oder projektorientiert strukturiert wissen möchten. Da dies in Form von Datensätzen geschieht, werden bei dieser Form der Archivorganisation keine Bilddaten vervielfacht.

Die Datensicherung

Das Digitalisieren von Fotos ist ein vergleichsweise zeitaufwendiges Verfahren. Auch die Nachbearbeitung und die Archivierung erfordern Zeit. Aus diesem Grund zeigen wir Ihnen in diesem Crashkurs, wie Sie ein solides Back-up erstellen. Ausgangspunkt ist dabei die sogenannte 3-2-1-Methode, die vom amerikanischen Fotografen Peter Krogh populär gemacht worden ist. Kernpunkt des 3-2-1-Back-up ist es, kurz gesagt, jederzeit über mehrere, redundante Kopien aller wichtigen Daten zu verfügen.

Das Farbmanagement

Farbtreue ist für die Bildbearbeitung wichtig. Das gedruckte Foto soll dem Bild auf dem Monitor so nah wie möglich kommen. SilverFast unterstützt dazu das Farbmanagement und wir schauen uns an, wie Sie es auch für Monitor und Drucker realisieren.

Scanner und SilverFast Ai Studio

SilverFast Ai Studio muss für jeden Scanner und dessen technische Möglichkeiten angepasst werden. Erwerben Sie daher die zu Ihrem Scanner passende Software. **HDR Studio** funktioniert unabhängig vom gewählten Scanner. Für den Crashkurs wurden Programmversionen für den Epson Perfection V850 Pro (Flachbett-Scanner), den Braun Multimag Slidescan 7000 (Magazin-Scanner) und den Plustek 8200i (Film-Scanner) verwendet.

Peter Hoffmann entdeckte sein Faible für die Fotografie schon als Jugendlicher. Im eigenen Fotolabor auf dem Küchentisch entwickelte er Schwarz-Weiß-Fotos, später auch Farbbilder. Nach dem Studium arbeitete Peter Hoffmann als EDV-Dozent. Seit mehr als zwanzig Jahren gibt er sein Know-how in Seminaren und Workshops zu Fotografie und Bildbearbeitung weiter – und das mit großer Begeisterung. Denn das Vermitteln von Fotowissen ist – neben der Fotografie – seine zweite große Leidenschaft.

Kodachrome
SLIDE
PROCESSED BY KODAK
Kodak

Kaufen, installieren und einrichten

Sofern Sie noch keinen Scanner und die dazu passende SilverFast-Software erworben haben, liefert Ihnen dieses Kapitel wichtige Hinweise, welcher Scanner, welche Funktionen und Features wichtig sind, um zu hochwertigen Scan-Ergebnissen zu kommen.

Das wichtigste Kriterium für den Kauf eines Scanners finden Sie, wenn Sie sich das Bildmaterial anschauen, das Sie digitalisieren möchten. Im Idealfall wollen Sie ausschließlich Dias und Negative oder nur Fotoabzüge scannen. Bei transparentem Bildmaterial ist ein Film-Scanner für Sie das richtige Produkt. Geeignete – von SilverFast unterstützte Geräte – finden Sie beispielsweise bei Plustek oder Reflecta für das Kleinbildformat, aber auch für das Mittelformat. Mit einem Mittelformat-Scanner haben Sie dann zusätzlich die Möglichkeit, Kleinbildvorlagen unter Verwendung eines Filmhalters zu digitalisieren. Wenn Sie ausschließlich Fotoabzüge scannen, ist ein Flachbettscanner die erste Wahl. Neben den schon genannten Anbietern finden Sie diese Scanner etwa bei Epson und Canon. Komplizierter kann die Entscheidung werden, wenn Sie unterschiedliche Medien einscannen wollen. Film-Scanner scheiden hier grundsätzlich aus, aber Sie können auf Flachbettscanner wie den Epson V850 zurückgreifen, der Dank Durchlichteinheit und Filmhaltern auch transparentes Material einscannen kann. Gilt es viele Dias einzuscannen, ist es angenehm, wenn das aus einem Magazin heraus – wie bei den Geräten von Braun oder Reflecta – geschehen kann. Aktuelle Geräte werden in der Regel über einen USB-Anschluss mit dem Rechner verbunden. Wenn Sie einen gebrauchten Scanner erwerben, achten Sie darauf, dass Sie ihn noch mit Ihrem Rechner verbinden können.

Ein weiteres Kriterium beim Kauf eines Scanners ist, mit welcher Geschwindigkeit der Scan erfolgt. Gerade wenn Sie ein Bild zur Verbesserung des Dynamikumfangs mehrfach einscannen, kann das relevant werden. SilverFast bietet die Möglichkeit, Staub und Kratzer aus dem gescannten Bild herauszurechnen. Damit das klappt, nutzt SilverFast den Infrarotkanal des Scanners zur Fehlererkennung. Bietet der Scanner dieses Feature nicht, bleibt nur die (aufwendigere) Bildbearbeitung.

Scanner für jede Aufgabe

Für das qualitativ hochwertige Scannen kommen meist zwei Gerätetypen zur Anwendung. Auf der einen Seite steht der ① **Flachbett-Scanner**, der sich vor allem dazu eignet, nicht transparente Vorlagen zu digitalisieren. Eine Durchlichteinheit ermöglicht es zudem oft, auch transparente Vorlagen zu scannen. ② **Dia- oder Film-Scanner** sind auf die Digitalisierung transparenter Vorlagen spezialisiert und übertreffen Flachbett-Scanner mit Durchlichteinheit häufig bei Auflösung und Dichteumfang. Mit einigen Film-Scannern ist es sogar möglich, ganze ③ **Diamagazine** im Stapel einzuscannen. Bei Flachbett-Scannern ist das mit passendem Filmhalter auch möglich.

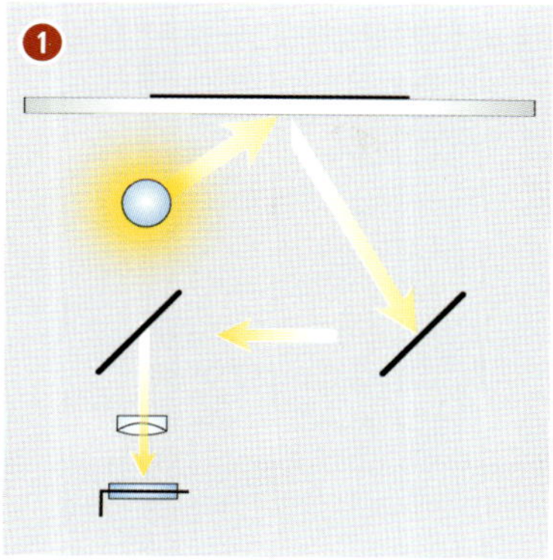

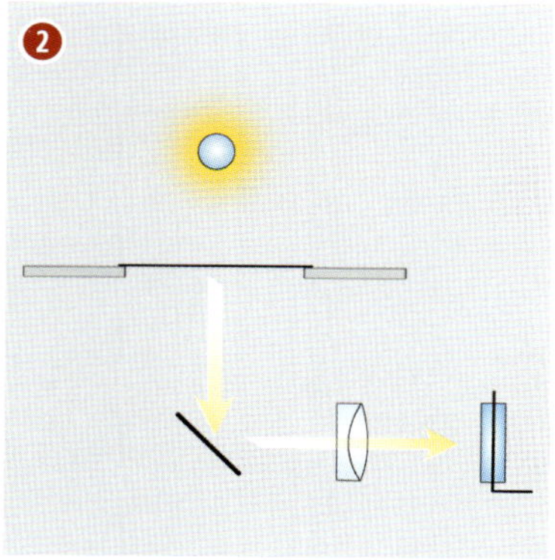

Wie Scanner funktionieren

Beim ① **Flachbett-Scanner** werden nicht transparente Vorlagen plan auf die Glasplatte gelegt. Schrittweise wird eine Lichtquelle unterhalb der Glasplatte entlanggeführt. Das vom Objekt reflektierte Licht wird über ein Spiegelsystem umgelenkt, über ein Linsensystem gebündelt und fokussiert, um zum Schluss über einen CCD-Zeilensensor ausgelesen zu werden, der die Lichtstrahlen in elektrische Impulse umwandelt, aus denen das digitale Bild entsteht. Bei ② **Dia- oder Film-Scannern** ist das Prinzip gleich, nur wird das Dia oder Negativ durchleuchtet. Die meist verwendeten LED-Lampen verringern die Wärmeentwicklung und verringern die Gefahr des Ploppens.

Die Sache mit der Auflösung

Auflösung: ein Begriff mit vielen Bedeutungen. Für Scanner maßgeblich ist der in ppi (pixel per inch) angegebene Wert. Löst ein Scanner beispielsweise mit 4.000 ppi auf, so können je Inch (= 2,54 cm) 4.000 Bildpunkte oder Pixel ausgelesen werden. Je höher die Auflösung, desto ① **feinere Strukturen** kann der Scanner erkennen und umso mehr Details lassen sich zum Beispiel im Druck erstellen. Mit wachsender Auflösung benötigt die gescannte Datei zugleich mehr Speicherplatz. Wird die Auflösung mit dpi (dots per inch) angegeben, werden die Begriffe gleichgesetzt, obwohl mit dpi eigentlich beschrieben wird, wie viele Tintentröpfchen ein Drucker je Inch druckt.

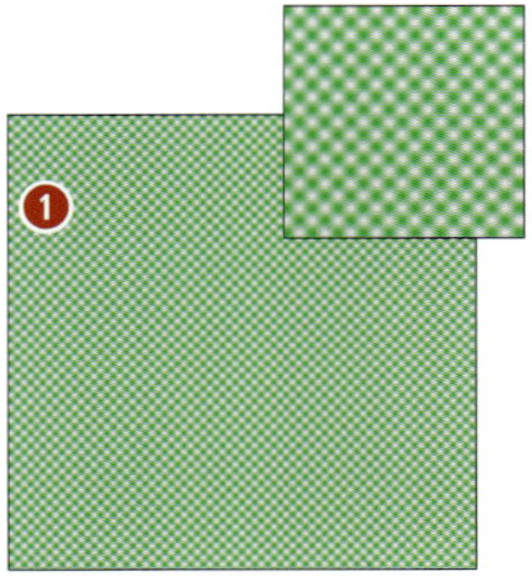

75 PPI

300 PPI

Auswahlkriterium: Auflösung

Eine hohe (nicht interpolierte) Auflösung ist ein Auswahlkriterium für einen Scanner. Die tatsächliche Auflösung und Schärfeleistung des Scanners ermitteln Sie mit einem ① **USAF-1951-Target** bei einem ② **Rohdaten-Scan** (48 Bit HDR RAW). Den ③ **Auflösungsschieber** in SilverFast stellen Sie auf die vorletzte, nicht interpolierte Stufe und deaktivieren ④ **iSRD** und **Multi-Exposure**. Die im ⑤ **TIFF-Format** gespeicherte Datei öffnen Sie bei 100 Prozent Zoom in Ihrer Bildbearbeitung und suchen dort das Element, bei dem Sie zwei benachbarte schwarze Balken gerade noch unterscheiden können. Über die mitgelieferte Tabelle finden Sie die nutzbare Auflösung des Scanners.

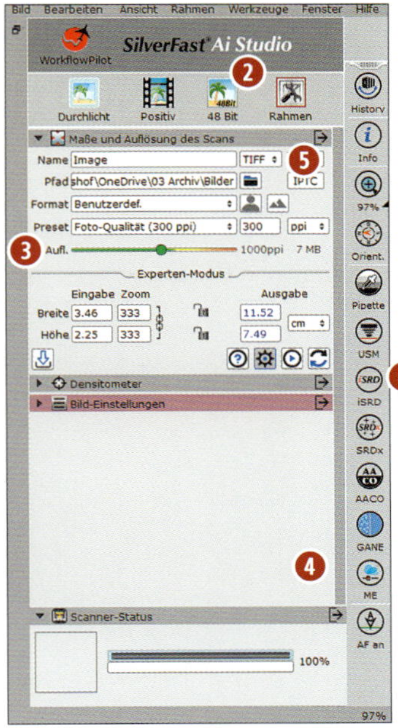

Auswahlkriterium: Farbtiefe

Mit **Farbtiefe** ist beschrieben, wie viele Farb- oder Helligkeitswerte in einem Digitalbild unterschieden werden. Lassen sich bei einer Farbtiefe von 1 Bit gerade einmal zwei Farben speichern und darstellen, sind es bei einer Farbtiefe von 8 Bit schon 2^8 Abstufungen, bei 16 Bit dann 2^{16}. Das entspricht 256 oder 65.536 Farben je Farbkanal. Für ein Farbbild, das die Helligkeitsinformationen jeweils im Rot-, Grün- und Blau-Farbkanal speichert, stehen somit bei einer Farbtiefe von 8 Bit 16,7 Millionen Farben zur Verfügung. Bieten Scanner die Möglichkeit, mit einer höheren Farbtiefe zu speichern, so ermöglicht das stärkere Anpassungen in der Nachbearbeitung.

Auswahlkriterium: Dichteumfang

Der Dichteumfang – bei Filmen der Kontrastumfang – ist der Unterschied zwischen der ① **hellsten** und der ② **dunkelsten** Stelle im Bild. Er variiert zwischen einem Wert von 3,6 beim Negativ, 2,4 bei einem Dia und 1,5 beim Fotoabzug. Der Scanner sollte in der Lage sein, den gesamten Dichteumfang der Vorlage zu erfassen. Gelingt das nicht, werden Farb- und Grauschattierungen nur unvollständig erfasst und es fehlen Details in den Tiefen und Lichtern. Ein zu geringer Dichteumfang wird häufig sichtbar beim Einsatz einer Durchlichteinheit, die benutzt wird, um Dias oder Negative mit einem Flachbett-Scanner zu digitalisieren.

SilverFast Archive Suite kaufen

Über SilverFast.com erwerben Sie im ① **Shop-Bereich** die zu ihrem Scanner passende Version von SilverFast. Dazu wählen Sie den ② **Hersteller**, den **Scanner**, das **Betriebssystem** Ihres Rechners und den gewünschten **Lizenztyp** aus. Die in diesem Crashkurs vorgestellte **SilverFast Archive Suite** bietet im Unterschied zu **Ai Studio** zusätzlich noch die Archivierungs- und Optimierungssoftware **HDR Studio**. Bei **SilverFast SE** werden Sie anders als bei der Plus-Version die Multi-Exposure-Funktion, die autoadaptive Kontrastoptimierung und die Kodachrome-Features vermissen. Für **SE Plus** kann eine Druckerkalibrierung zusätzlich erworben werden.

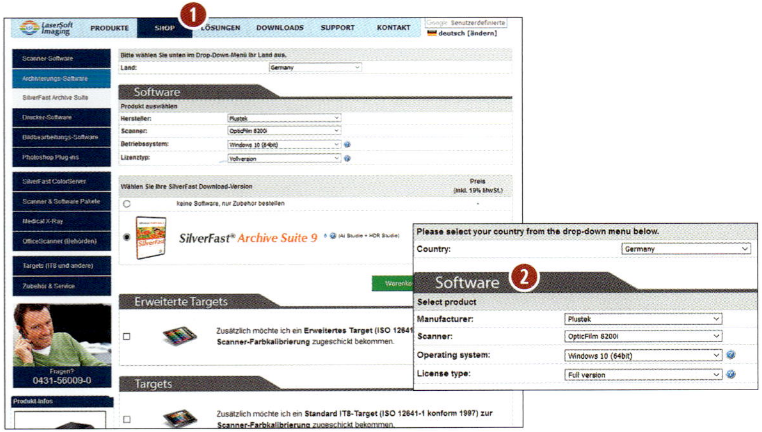

SilverFast Archive Suite installieren

Abhängig vom Scanner müssen Sie zunächst die Gerätetreiber installieren, bevor Sie das SilverFast-Installationsprogramm mit einem Doppelklick auf die ① **Installationsdatei** starten. Schritt für Schritt führt Sie der ② **Installationsassistent** durch den Prozess, in dessen Verlauf Sie das Lizenzabkommen akzeptieren und festlegen, welche Software-Komponenten an welchem Ort auf Ihrem Rechner installiert werden. Auch die Lizenz- und Registrierungsdaten sind einzugeben. Beim Abschluss der Installation werden Sie aufgefordert, sich für einen ③ **Look der Oberfläche** zu entscheiden, was bei Programmstart über **Service** jederzeit geändert werden kann.

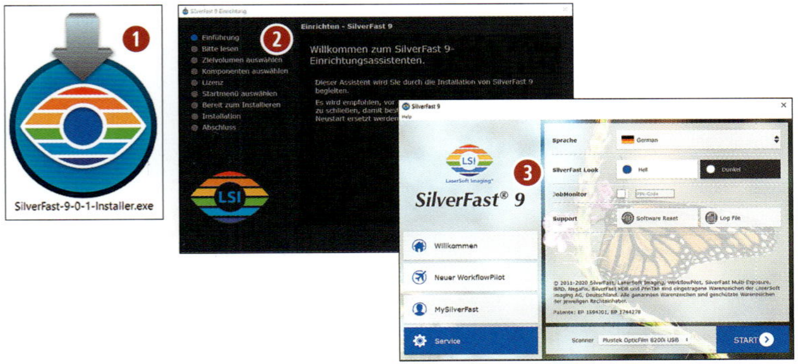

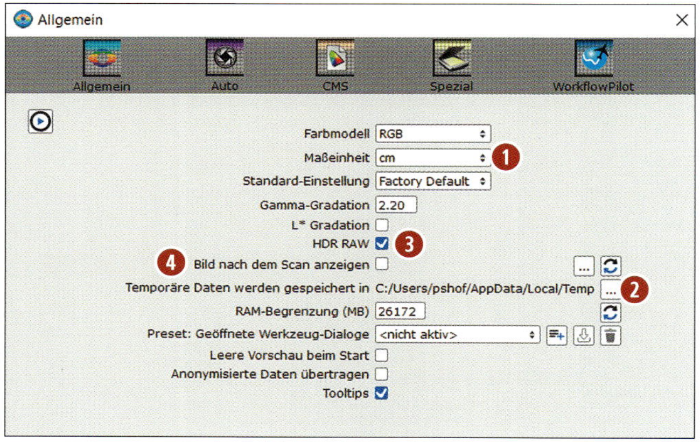

Die Grundeinstellungen I

Über **Bearbeiten** rufen Sie den **Einstellungen-Dialog** auf, der Ihnen im Register **Allgemein** die Möglichkeit gibt, die ① **Maßeinheit** zu wählen, die für Sie meist von Bedeutung ist. Im Web wird dies häufig Pixel sein und in der Druckbranche sind Pica und Point gebräuchlich. Ausreichend ② **Speicher** sorgt für ein flüssiges Arbeiten und das Aktivieren von ③ **HDR RAW** stellt sicher, dass Metadaten direkt in der Datei und nicht in einer lokalen Datenbank gespeichert werden, was die Bildnutzung auf anderen Rechnern erleichtert, weil Anpassungen erhalten bleiben. Das über ④ **Bild nach dem Scan anzeigen** gewählte Programm wird zur Anzeige (und Bearbeitung) des Scans genutzt.

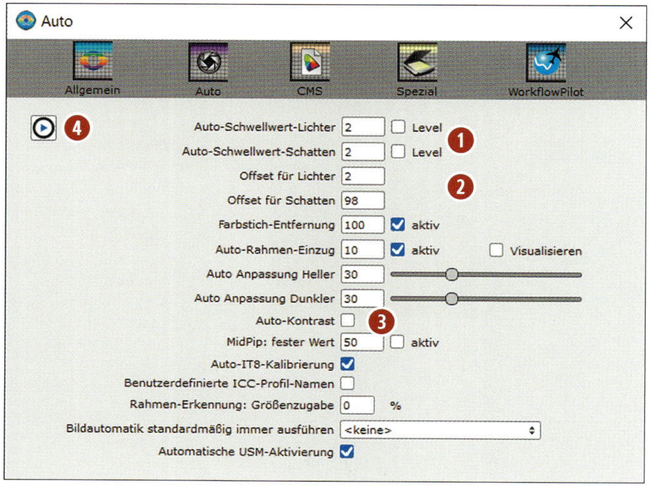

Die Grundeinstellungen II

Die im Register **Auto** gelisteten Einstellungen werden Sie anfänglich meist übernehmen, doch können Sie mit einiger Erfahrung die Werte für ① **Auto-Schwellwert** anpassen, um die Empfindlichkeit für die Erkennung von Tiefen und Lichtern zu verbessern und eventuell Rauschpixel zu verringern. Über die ② **Offset-Einstellungen** bestimmen Sie die Zielwerte für die hellsten und dunkelsten Tonwerte. Autoanpassungen steuern, ob und in welchem Maß mittlere Tonwerte aufgehellt oder abgedunkelt werden. Bei einer Stapelverarbeitung kann das Aktivieren von ③ **Autokontrast** hilfreich sein. Ein ④ **Videotutorial** gibt Ihnen in vielen Dialogen Hinweise.

Die Grundeinstellungen III

Unter CMS (Color Management System) aktivieren Sie das ① **Farbmanagement**, das Farben über die gesamte Verarbeitungskette, von der Eingabe bis zur Ausgabe möglichst konsistent hält. Wählen Sie unter ② **Eingabe** das für Ihren Scanner bereitgestellte Profil aus. Dieses beschreibt, welche Farben vom Gerät erfasst werden. Unter ③ **Intern** legen Sie fest, welches ICC-Profil als ④ **Ausgabeprofil** in die Datei eingebettet wird. Meist wählen Sie hier – passend zu den Möglichkeiten Ihres Monitors – zwischen sRGB und Adobe RGB. Die Festlegung auf ein ⑤ **Grau- oder Druckerprofil** empfiehlt sich nur, wenn Sie unter stets gleichen Bedingungen drucken.

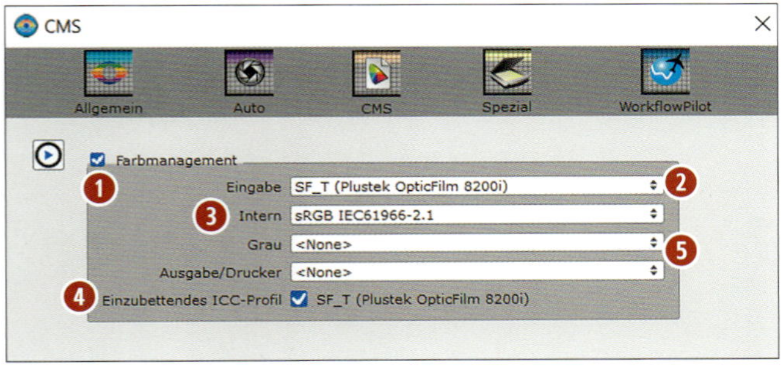

Die Grundeinstellungen IV

Die unter **Spezial** wählbare Einstellung ① **Schneller Scan** ermöglicht in der Regel präzisere Vorschauen, was aber meist eine längere Scan-Dauer zur Folge hat. Die geringer aufgelöste, in das finale Bild eingebettete ② **HiRePP-Vorschau** lässt Sie Bilder schneller zur Bearbeitung öffnen und sollte aktiviert sein. Gerade wenn Sie viele Fotos im Stapelbetrieb scannen, kann die ③ **Auswahl eines Fertig-Sounds** und die Festlegung, wann der Ton abgespielt werden soll, das Arbeiten erleichtern, weil Sie akustisch auf das Ende des Scannens hingewiesen werden. Die unter **WorkflowPilot** versammelten und voreingestellten Optionen ändern Sie in der Regel nicht.

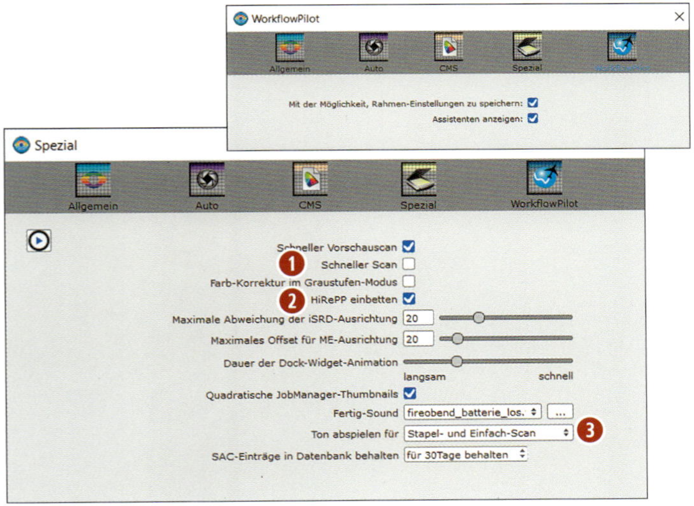

Die Vorbereitungen treffen

Ein gescanntes Bild wird stets nur so gut werden, wie es die Vorlage zulässt. Gewölbte Filme, nicht planliegende Fotoabzüge, Staub oder eine falsche Rahmung können das Ergebnis ruinieren. Was Sie vorbereitend tun sollten, lesen Sie in diesem Kapitel.

Wenn Sie nur ein Foto einscannen, werden Sie wenig Zeit für die Vorbereitung benötigen. Etwas überlegter sollten Sie vorgehen, wenn Sie viele Medien einscannen möchten, um sie anschließend zu archivieren.

Beginnen sollten Sie in diesem Fall mit einer Vorsortierung der Materialien. Trennen Sie zunächst transparente Vorlagen nach Dias, Farb- und Schwarz-Weiß-Negativfilmen. Haben Sie Kodachrome-Dias im Fundus, legen Sie diese getrennt von den anderen Dias, weil hier ein anderer Scan-Prozess als bei üblichen Dia-Vorlagen genutzt werden muss. Auch glaslos gerahmte Dias sollten Sie von denen unter Glas gerahmten Bildern trennen.

Falls Sie unterschiedliche Filmformate verwendet haben, ist auch die Vorlagengröße ein Sortierkriterium. Bei dieser Vorsortierung achten Sie auch gleich auf die Materialqualität. Da das Scannen ein vergleichsweise zeitaufwendiger Prozess ist, sollten Sie nur die Bilder scannen, die für Sie von dokumentarischem Wert sind oder von einer ästhetischen Qualität, die den Aufwand lohnen.

Ziel der Vorsortierung ist es, Ihnen die Zeit zu sparen, die für das stets neue Einrichten des Scanners und für die Auswahl der passenden Scan-Parameter erforderlich werden würde. Auch bei Fotoabzügen kann es Zeit sparen, wenn Sie diese vorab nach ähnlichen Kriterien sortieren. Abzüge gleicher Größe lassen sich einfacher nacheinander scannen als Bilder unterschiedlicher Größe.

Sicherlich werden manche Dias, Filme oder Fotoabzüge schon durch viele Hände gegangen sein und die entsprechenden Spuren, sprich Fingerabdrücke zeigen. Damit Sie nicht selbst auch noch solche Spuren hinterlassen, sollten Sie alle Bilder vorsichtig behandeln. Was beim Dia noch leicht fällt, schließlich können Sie sie am Rahmen anfassen, wird beim Filmstreifen schon schwieriger. Diese sollten Sie, so wie es Archivare auch tun, mit Baumwollhandschuhen anfassen. Fotoabzüge fassen Sie möglichst vorsichtig an den Kanten.

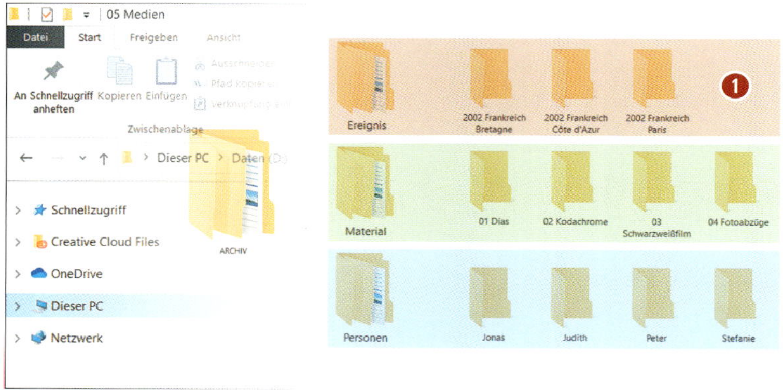

Laufwerk, Ordner und Dateiname

Gescannte Bilddateien brauchen viel Speicherplatz. Sinnvoll ist es, die Dateien zum Beispiel auf einer externen Festplatte zu speichern und nicht auf der Festplatte, auf der auch das Betriebssystem liegt. Moderne Bildverwaltungsprogramme wie Lightroom brauchen dank Stichworten und Metadaten keine Ordnerstruktur, um Bilder wiederzufinden. Persönlich behalten Sie einen besseren Überblick, wenn Sie Bilder nach ① **gemeinsamen Merkmalen** (zum Beispiel: Personen, Orte, Ereignisse, Bildmaterial, …) in Ordnern zusammenfassen. Verwenden Sie bei einem Einzel-Scan Dateinamen doppelt, ergänzt SilverFast den Dateinamen automatisch durch eine Nummerierung.

Mechanische Reinigung

Eine Staubentfernung ist in SilverFast Ai Studio implementiert, bei geeigneten Geräten sogar hardwarebasiert. Dennoch sollten Sie vor dem Scannen einerseits die Staubansammlung auf Dias, Negativen und Fotoabzügen vermeiden und andererseits sichtbaren Staub entfernen. Indem Sie Filme langsam aus den Aufbewahrungshüllen ziehen, vermeiden Sie eine statische Aufladung und zusätzlichen Staub. Anhaftenden Staub entfernen Sie mithilfe von Druckluftspray, einem ① **Blasebalg** und einem ② **antistatischen Pinsel**. Vermeiden sollten Sie es, den Staub vom Film zu pusten. Die in der Atemluft immer vorhandenen Tröpfchen setzen sich auf Ihrer Vorlage ab.

Die Planlage verbessern

Bei der Aufnahme war eine leichte Wölbung des Filmmaterials willkommen, sorgte diese doch dafür, dass der Film besser an der Kamerarückwand anlag. Beim Scannen stört der Effekt, weil Scanner nur einen sehr geringen Schärfetiefenbereich von wenigen Millimetern haben. Neben einer sachgemäßen Trocknung hat auch die Lagerung Einfluss auf die Filmwölbung. Ist das Filmmaterial jedoch so stark gewölbt, dass es auch durch den Filmhalter nicht plan liegt, hilft es nur, das Material (in den Aufbewahrungshüllen) zum Beispiel unter einem Bücherstapel zu pressen. Auch eine erneute Wässerung und Trocknung von Filmen kann die Wölbung verringern.

Dias umrahmen

① **Glasrahmen** für Dias haben bei der Projektion den Vorteil, eine spontane Wölbung, das sogenannte *Ploppen* von Dias, zu verhindern. Beim Scannen sind sie nachteilig und mindern die Bildqualität. Abhilfe schafft das Umrahmen. Optimal sind dabei die glaslosen ② **Wess-Spannrahmen** (AHX500K) oder die Diaspeed Rahmen mit Spanneinsatz (HT-XYZ). Bei beiden Rahmen halten Nocken, die im Abstand der Filmperforation angeordnet sind, das Filmmaterial dauerhaft plan. Eine preiswertere Alternative sind natürlich herkömmliche glaslose Diarahmen, die auch heute noch in größerer Auswahl über den Fotohandel zu beziehen sind.

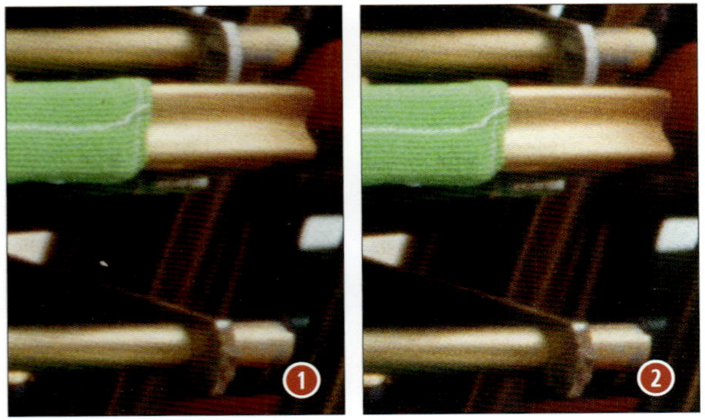

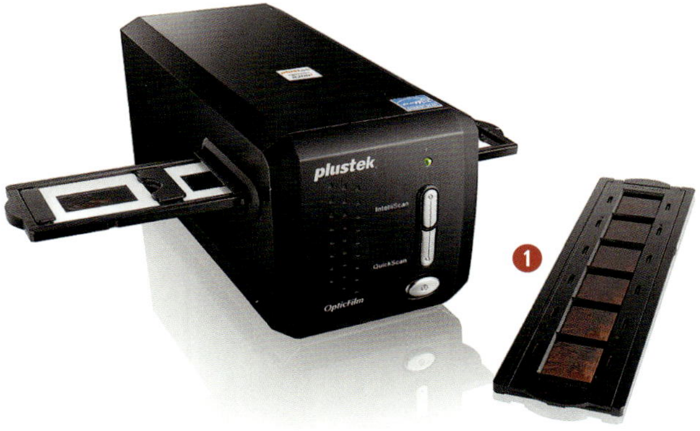

Filmhalter für Negativfilme verwenden

① **Filmhalter** werden – wie zum Beispiel beim Plustek 8200i – genutzt, um Filmstreifen in den Scanner einzuführen. Eingeklemmt zwischen Schienen wird der Filmstreifen durch den Halter plan gehalten und über die Staubabdeckung bis zur Indexposition eingeführt. Dadurch ist gewährleistet, dass der Filmstreifen richtig für das Scannen positioniert ist. Wichtig ist der Filmhalter aber auch, weil so garantiert ist, dass sich der Film in der Schärfeebene des Scanners befindet. Haben Sie sich für einen Mittelformat-Film-Scanner entschieden, sind Filmhalter zudem die Möglichkeit, auch kleinformatigeres Dia- oder Negativmaterial zu digitalisieren.

Filmhalter für Dias verwenden

Beim Plustek 8200i kommen Filmhalter auch für das Scannen von Dias zum Einsatz. Zum Einlegen werden die Dias – oder auch Negative, die nicht anders plan zu scannen sind – unter eine Nut geschoben und auf der gegenüberliegenden Seite vorsichtig unter eine Halteklammer gedrückt. Wie beim Film ist es wichtig, die richtige, das heißt die beschichtete Filmseite zu scannen. Bei einem Filmstreifen ist das der Fall, wenn Sie auf dem Filmstreifen die ① **Herstellerbezeichnung** oder die Bildnummer lesen können. Beim gerahmten ② **Dia** halten Sie den Film schräg gegen das Licht, um so die stark glänzende, der Emulsionsseite gegenüberliegende Trägerseite zu finden.

Magazine scannen

Bietet der Scanner die Möglichkeit, mehrere Bilder nacheinander ohne einen weiteren Benutzereingriff zu scannen, benötigen Sie einen Filmhalter oder ein ① **Magazin**, über das Bilder nach dem Scan automatisch zugeführt werden. Auf einem Flachbett-Scanner müssen Sie der Abstand zwischen Filmhalter und Glasscheibe gegebenenfalls anpassen. Improvisiert werden kann das mit Kreppband, das temporär angeklebt wird oder wie beim Epson V850 mit verstellbaren ② **Abstandhaltern**. Achten Sie beim Stapel-Scan darauf, dass alle Bilder im Magazin oder Filmhalter gleich gerahmt sind und möglichst auch das gleiche Filmmaterial digitalisiert wird.

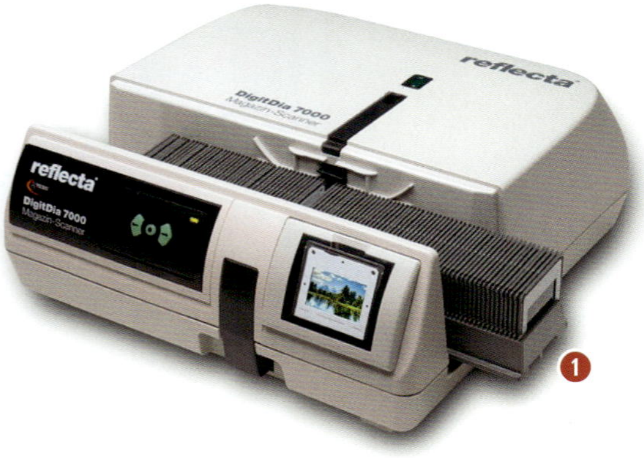

Fotoabzüge korrekt platzieren

Das Platzieren von Fotoabzügen ist vergleichsweise einfach. Sie legen das Bild mit der zu scannenden Seite auf die Glasplatte. Die meisten Scanner zeigen über ① **Markierungen** an, wo das Foto anzulegen ist. Achten Sie auf die Ausrichtung, sparen Sie sich nachträgliche Korrekturen. Wichtig ist, dass Sie die Glasplatte vorab von Staub befreien und gegebenenfalls mit einem Glasreiniger säubern. Sollten Sie dünnes Bildmaterial einscannen, hat es sich bewährt, weißen oder schwarzen Karton auf das Foto zu legen. So verhindern Sie, dass zum Beispiel eine Notiz auf der Rückseite des Bildes halbtransparent in das gescannte Bild hineinscheint.

Farbmanagement

Das Farbmanagement begleitet Sie während des gesamten Workflows und stellt sicher, dass im Rahmen der technischen Möglichkeiten Farben von der eingescannten Aufnahme bis zur Wiedergabe am Monitor und im Druck konsistent sind.

Beginnen wir mit einer einfachen Feststellung: Die Farben, die Sie als Mensch wahrnehmen, lassen sich von keiner Kamera und keinem Scanner aufzeichnen und auch kein Monitor ist in der Lage, diese Farben vollständig wiederzugeben. Und natürlich kann der Drucker von den im Bild vorhandenen Farben auch nur einen Teil drucken.

Damit Sie sich aber auf die Farben verlassen können, die Sie am Monitor sehen und damit Sie mit großer Gewissheit voraussehen, wie die Farben im Druck auf dem von Ihnen gewählten Papier aussehen, vergleicht das Farbmanagement die in Profilen gespeicherten Farbräume von Kamera, Scanner, Monitor und Drucker miteinander und gleicht Unterschiede zwischen den verschiedenen Farbräumen aus.

Damit das gelingt, muss das Farbmanagement-System wissen, welche Farben das am Prozess beteiligte Ein- oder Ausgabegerät aufnehmen oder reproduzieren kann. Im einfachsten Fall werden dazu standardisierte Profile wie sRGB, Adobe RGB oder CMYK verwendet. Genauer kann das Farbmanagement funktionieren, wenn Sie auf generische Farbprofile zurückgreifen. Diese Farbprofile werden oft von Hardware-Herstellern bereitgestellt und beschreiben den Farbraum (engl. gamut) einer bestimmten Baureihe oder eines bestimmten Modells. Die genaueste Beschreibung des Gerätefarbraums bekommen Sie, indem Sie das Ihnen zur Verfügung stehende Gerät ausmessen, was in der Regel aus zwei Arbeitsschritten besteht: Zunächst wird das entsprechende Gerät auf bestimmte Werte eingestellt. Bei Kamera, Scanner und Monitor spricht man von *Kalibrieren* beim Drucker von *Linearisieren*. Dann wird gemessen, wie groß der Farbraum des Gerätes ist und welche Farben aufgenommen oder reproduziert werden können. Diese Werte werden als sogenanntes ICC-Profil gespeichert und stehen letztendlich über das Betriebssystem dem Farbmanagement zur Verfügung.

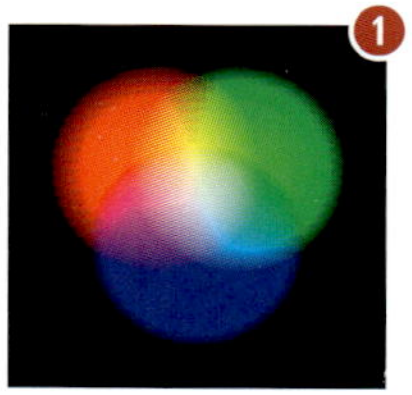

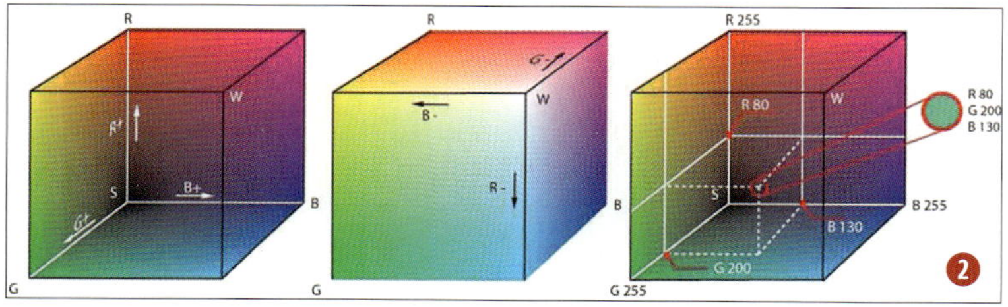

Das RGB-Farbmodell

Farbmodelle beschreiben Farben die durch unterschiedliche geometrische Modelle visualisiert werden. In der Bildbearbeitung ist für Kameras, Scanner und Monitore das bekannte RGB-Farbmodell grundlegend, bei dem sich (theoretisch) aus den ① **Primärfarben** Rot, Grün und Blau alle weiteren sichtbaren Farben mischen. Je größer der Anteil aller Farben, desto heller wird die Mischung und addiert sich letztlich zu Weiß. Beschrieben werden Farben durch drei Zahlenwerte für die Primärfarben zwischen 0 und 255. Visualisiert erscheint das ② **RGB-Farbmodell** als Würfel mit den Achsen Rot, Grün und Blau.

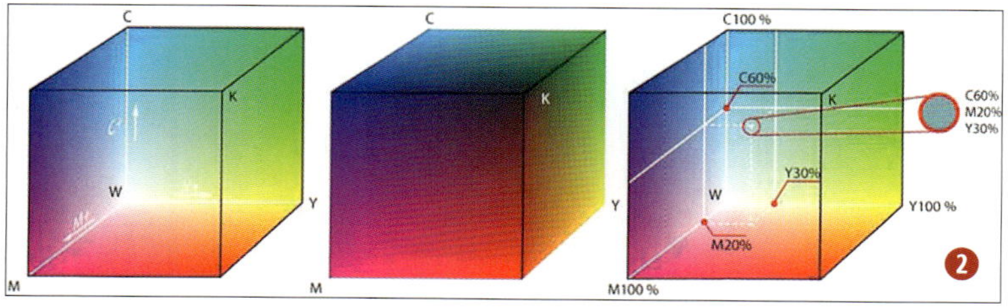

Das CMY(K)-Farbmodell

Das für den Druck maßgebliche Farbmodell ist das ① **CMY(K)-Farbmodell**, dessen drei Grundfarben Cyan, Magenta und Yellow (Gelb) sind, aus denen sich alle anderen Farben mischen lassen. Im Unterschied zum additiven RGB-Farbmodell wird die Mischung beim ② **subtraktiven CMY(K)-Farbmodell** dunkler, je größer der Anteil aller Farben ist. Verunreinigungen der Druckfarben verhindern, dass Schwarz mit der notwendigen Dichte gedruckt wird, wenn nur mit den Grundfarben gedruckt wird. Deshalb wird in der Praxis mit Schwarz als vierter Farbe gedruckt. Weiß ist jeweils das Papierweiß. Prozentwerte zwischen 0 und 100 Prozent beschreiben die Farbe.

Der Lab-Farbraum

Der Lab-Farbraum beschreibt geräteunabhängig alle Farben, die vom Menschen wahrgenommen werden können. In der Bildbearbeitung wird er zur Farbraumkonvertierung genutzt. Beim Farbmanagement dient er als Transferfarbraum. Gebräuchlich ist die zweidimensionale Darstellung in Form der ① **CIE-Normfarbtafel**. Im ② **dreidimensionalen Modell** steht die Helligkeitsachse **L** senkrecht zu den Farbebenen **a** (blau und gelb) und **b** (grün und rot). Für die Helligkeitsachse sind in Bearbeitungsprogrammen Werte zwischen 0 (Schwarz) und 100 (Weiß) möglich. Die Werteskala für die Farbebenen liegt zwischen -128 (blau und grün) und 127 (gelb und rot).

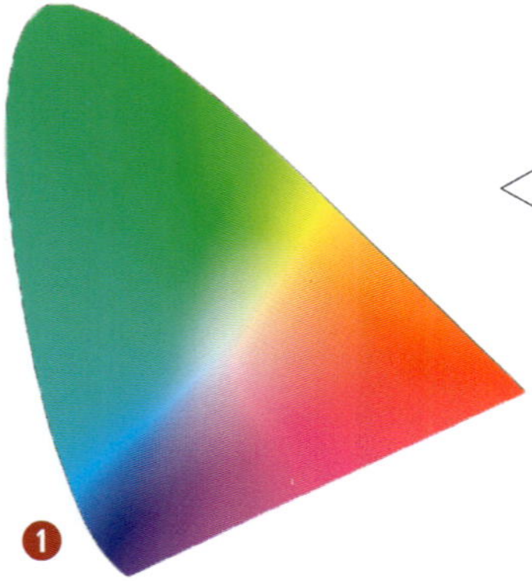

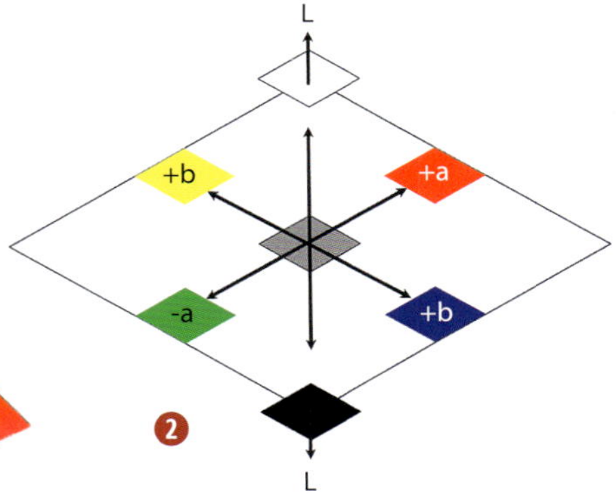

Die Arbeitsfarbräume

Umfasst der ① **Lab-Farbraum** das gesamte für den Menschen sichtbare Farbspektrum, so sind Arbeitsfarbräume wie ② **sRGB** und ③ **AdobeRGB** Ausschnitte daraus. Arbeitsfarbräume basieren nicht auf gemessenen Werten. Es sind standardisierte und zugleich idealisierte Farbräume, für die die Grundfarben ebenso definiert sind wie die Helligkeitsverteilung oder die Farbtemperatur. Anders sieht es bei generischen Farbräumen aus. Sie sind geräteabhängig und basieren auf Messungen. Ein (meist) vom Hersteller geliefertes generisches Profil beschreibt, welche Farben durch eine bestimmte Gerätegruppe (eine Baureihe) aufgezeichnet oder reproduziert werden können.

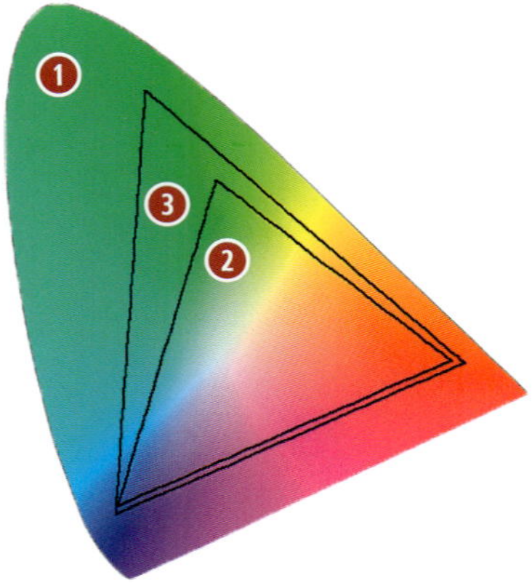

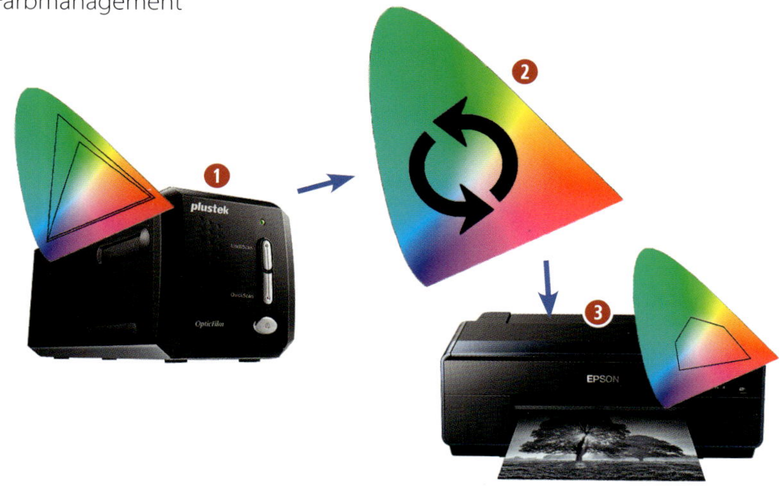

Farbprofile im Farbmanagement

Die Möglichkeiten, Farben aufzunehmen oder wiederzugeben, unterscheiden sich von Gerät zu Gerät. ① **Gerätespezifische Farbprofile**, die als ICC-Profil gespeichert werden, beschreiben etwa den Farbraum und den Weißpunkt des Ein- oder Ausgabegerätes. Die spezifischen Daten werden durch den Vergleich zwischen einem Target mit bekannten Farbdaten und den mithilfe von Messgeräten bei einer Kalibrierung festgestellten Werten ermittelt. Einmal ermittelt, können die Farben des Eingabegerätes auf dem Weg über einen geräteunabhängigen ② **Transferfarbraum** in die Farben des ③ **Ausgabegerätes** konvertiert werden.

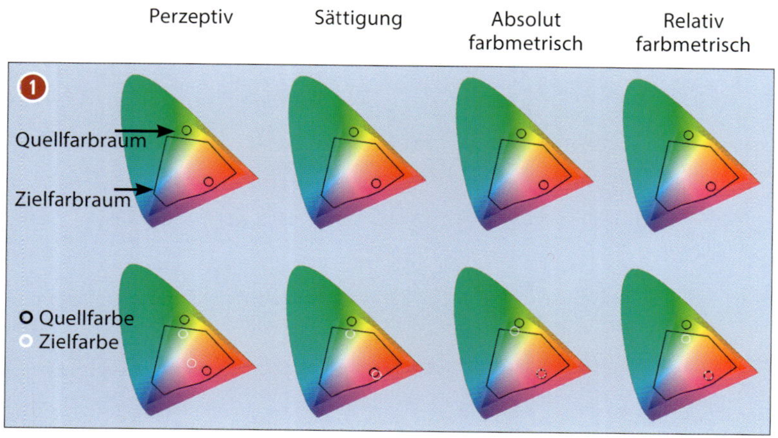

Rendering Intents

Zur Anpassung von Farben zwischen verschiedenen Farbräumen werden vier mathematische Verfahren benutzt. Von diesen ① **Rendering Intents** – *Perzeptiv*, *Sättigung*, *relativ* und *absolut farbmetrisch* – empfiehlt sich der wahrnehmungsorientierte, perzeptive Rendering Intent vor allem für die Umwandlung von RGB-Farben in CMYK-Druckfarben. Farben außerhalb des Zielfarbraums werden so komprimiert, dass der Gesamteindruck durch eine möglichst geringe Anpassung ungesättigter und neutraler Farben erhalten bleibt. Ist der Erhalt der Farbsättigung wichtiger – etwa für Präsentationen – empfiehlt sich oft *Sättigung* als Umrechnungsmethode.

Scanner-Eingabeprofil erzeugen

Sowohl das Vermessen des Scanner-Farbraums als auch das Erstellen und Speichern des gerätespezifischen ICC-Farbprofils starten Sie in SilverFast mit einem Klick auf ① **IT8-Kal**. Abhängig davon, ob Sie einen Flachbett-Scanner mit nur einem ② **Target** oder einen Film-Scanner mit drei Targets ausmessen wollen, wählen Sie **Standard-Kalibrierung** oder ③ **Erweiterte 3-Dia-Kalibrierung**, nachdem Sie das Target im Scanner platziert haben. In der Folge scannt SilverFast die erste und gegebenenfalls weitere Vorlagen. Nach einem Online-Abgleich mit den Referenzdaten wird das ④ **ICC-Geräteprofil** gespeichert. Den Vorgang sollten Sie regelmäßig wiederholen.

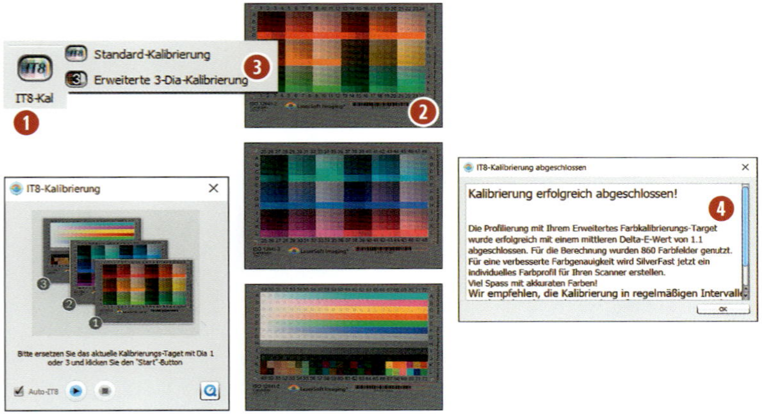

Ein Monitorprofil erzeugen

Vor der Profilierung des Monitors gilt es zunächst, diesen auf die Werkseinstellungen zurückzusetzen. Die meisten Monitore besitzen dazu Schalter oder Knöpfe, die das sogenannte ① **On-Screen-Display (OSD)** aufrufen. Hier besteht, abhängig vom verwendeten Monitor, die Möglichkeit, den Arbeitsfarbraum zu wählen. In der Regel sRGB oder Adobe RGB. Weiterhin stellen Sie hier Helligkeit, Farben, Kontrast und gegebenenfalls weitere Parameter wieder so ein, wie es bei der Auslieferung der Fall war. Häufig gibt es dazu auch einen Resetknopf. Mit dieser Kalibrierung sind die Vorbereitungen abgeschlossen und Sie können sich der Profilierung zuwenden.

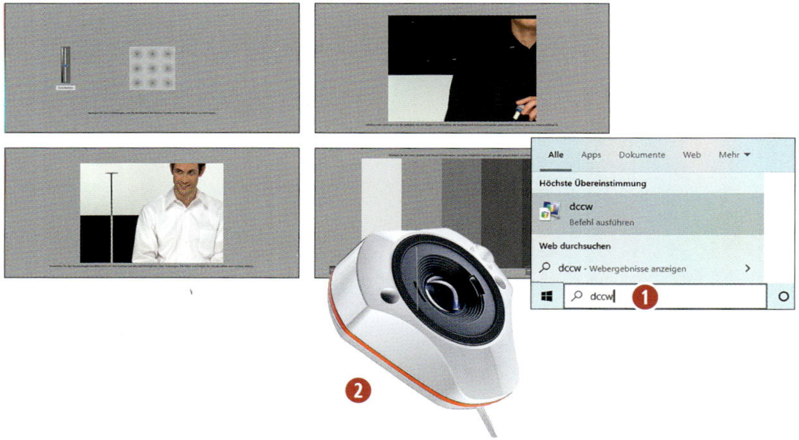

Den Bildschirm kalibrieren I

Das **Display Color Calibration Tool** ist Teil des Betriebssystems. Sie suchen das Werkzeug mit der Eingabe von ① **dccw** in der Suchleiste von Windows 10. Starten Sie das Programm und stellen Sie nacheinander das Gamma des Bildschirms, Helligkeit und Kontrast ein und passen Sie die Bildfarben so an, dass der Monitor keinen Farbstich aufweist. Manko dieses Verfahrens ist es, dass Sie die Einstellungen *nach Sicht* kontrollieren. Genauer wird das Monitorprofil, wenn Sie ein ② **Messgerät** einsetzen. Diese Geräte werden etwa von Datacolor oder xRite angeboten. Die beste Qualität bietet ein hardwarekalibrierter Monitor.

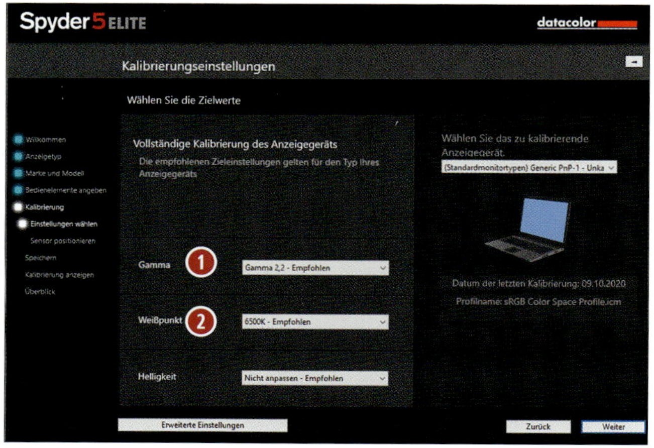

Den Bildschirm kalibrieren II

Beginnen Sie mit der Profilierung des Monitors mit dem Datacolor Spyder, werden Sie darauf hingewiesen, dass der Monitor vor der Messung schon mindestens eine halbe Stunde gelaufen sein sollte und dass kein direktes Licht darauf fallen sollte. Haben Sie den zu kalibrierenden Monitor ausgewählt und erklärt, welche Einstelloptionen über das OSD verfügbar sind, legen Sie die Zielwerte für die Kalibrierung fest. Übernehmen Sie hier die empfohlenen Werte für ① **Gamma** und ② **Weißpunkt**. Im nächsten Schritt befestigen Sie das Messgerät am Monitor und starten die Profilierung. Nacheinander werden verschiedene Testfelder ausgemessen.

Den Bildschirm kalibrieren III

Mit Abschluss der Kalibrierung wird Ihnen zum Vergleich der alten mit der neuen Einstellung ein (1) **Testbild** angezeigt. Sie können jedes Testbild separat anklicken, um es in der Vergrößerung genau zu betrachten. Aufmerksam sollten Sie vor allem die Schwarz-Weiß-Bilder und den Graukeil betrachten. Gerade hier entdecken Sie leicht einen Farbstich. Bei Bildern mit zarten Farbverläufen achten Sie darauf, ob in der Vergrößerung Abstufungen zu sehen sind. Diese Artefakte deuten darauf hin, dass die technischen Grenzen des Monitors erreicht sind. Stimmt das Ergebnis, kalibrieren Sie etwa vier, fünf Wochen später neu. Andernfalls starten Sie den Prozess neu.

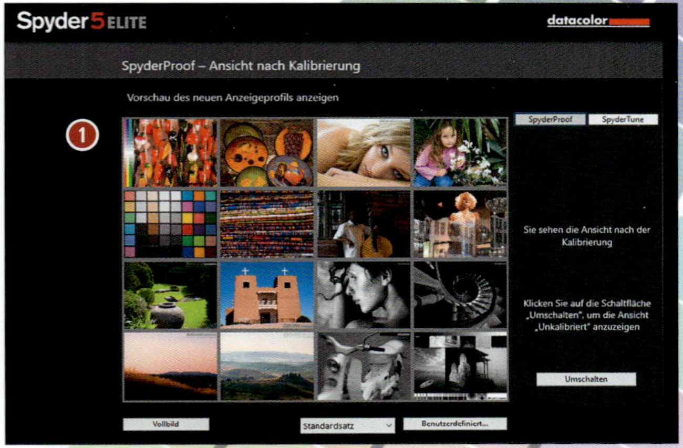

Den Drucker kalibrieren

Zur Druckerkalibrierung drucken Sie vorab ein (1) **Testchart** mit der von Ihnen verwendeten Drucker-, Tinten- und Papierkombination aus und lassen das Testchart etwa einen Tag trocknen. Ist die Vorlage ausreichend getrocknet, starten Sie das Profilierungsprogramm erneut. Nachdem eine Weiß-Kalibrierung des Scanners erfolgt ist – dazu wird einmalig ein weißes Testfeld ausgemessen – erfolgt die Profilerstellung. Dazu führen Sie das Messgerät für die Druckerkalibrierung entlang eines Lineals über das Testchart. Ist das Profil erstellt, nutzen Sie es solange, bis sich die Druckparameter ändern oder bis Sie den Drucker, das Papier oder die Tinte wechseln.

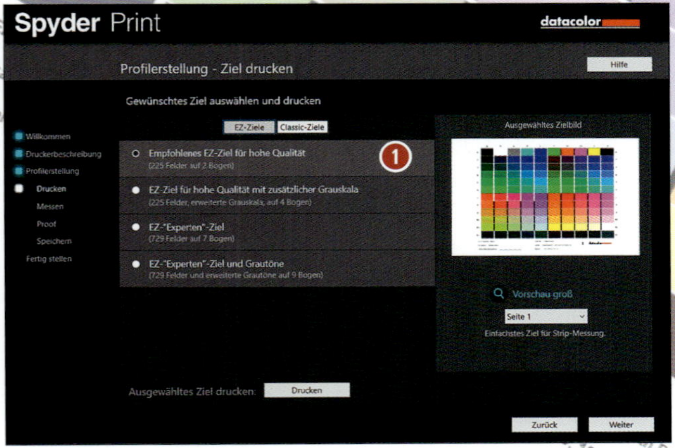

SilverFast NIKON LS5000 Slide
SilverFast Ai Studio

Scannen mit Assistent

Der Scanner ist eingeschaltet, die Dias, Filmstreifen oder der Fotoabzug sind platziert: Jetzt trennen Sie nur wenige Schritte vom ersten Scan-Ergebnis, wenn Sie den WorkflowPilot verwenden. Doch zunächst werfen wir in diesem Kapitel einen Blick auf die Benutzeroberfläche.

Um das **Vorschaufenster** herum angeordnet, zeigt SilverFast Ai Studio auf der linken Seite das **Kontrolldock**. Direkt daneben sehen Sie die **Spezial-Werkzeugleiste**. Oberhalb des Vorschaufensters ist horizontal die **Standard-Werkzeugleiste** platziert.

Im Vorschaufenster sehen Sie das mit dem Prescan erzeugte Scan-Ergebnis, vor allem aber prüfen Sie hier in Echtzeit, wie sich die von Ihnen angestoßenen Bildoptimierungen auf das Scan-Ergebnis auswirken. Das heißt: Sie wissen noch vor dem abschließenden Scan, wie das fertige Ergebnis aussehen wird.

Beim Blick auf das Kontrolldock fällt zunächst die mit **WorkflowPilot** benannte rote Schaltfläche auf, über die Sie zwischen dem manuell gesteuerten Scan-Vorgang und einem assistierten Scan-Modus wechseln. Unterhalb dieses Schalters zeigt das Kontrolldock Werkzeugdialoge, mit deren Hilfe Sie das Scan-Ergebnis bestimmen.

Sollten Sie den WorkflowPilot verwenden, was durch einen Farbwechsel des Symbols angezeigt wird, so werden die jeweils benötigten Einstelldialoge automatisch geöffnet und Sie erhalten Informationen zu den gerade erforderlichen Aktionen.

Die horizontal angeordnete Standard-Werkzeugleiste zeigt die Werkzeuge, die Sie während des Scan-Prozesses häufig benötigen. Ist das Werkzeug aktiviert, wird es als Dialogfeld im Kontrolldock angezeigt. Bei Verwendung des WorkflowPiloten zeigen grüne Markierungen, welche Werkzeuge angewendet wurden. Über kleine Dreieck-Schalter wechseln Sie zum vorherigen oder nächsten Arbeitsschritt.

Über die vertikal angeordnete Spezial-Werkzeugleiste stellt SilverFast Ai Studio Funktionen bereit, deren Verwendung nicht in jedem Fall erforderlich und deren Ausgestaltung abhängig von der jeweils verwendeten Hardware ist. Bei den Werkzeugen zeigt ein roter Punkt im Werkzeug-Icon an, wenn das Tool gerade verwendet wird.

Den WorkflowPiloten starten

Mit dem Klick auf ① **WorkflowPilot** wechseln Sie in den assistierten Bedienmodus von SilverFast und wählen direkt unterhalb des Schalters als ② **Quelle** den jeweiligen Vorlagentyp und dann eines der angegebenen ③ **Ziele**. Mit Klick auf ④ **Start** oder durch Drücken von ↵ werden Sie zum jeweils nächsten Schritt geleitet. Ein ⑤ **Text** informiert Sie über die dabei jeweils notwendigen Arbeiten. In der Standardwerkzeugleiste werden ⑥ **Bearbeitungsschritte** und **Bearbeitungsstatus** angezeigt. Per Schalter wechseln Sie zwischen den Bearbeitungsschritten. Den Scan-Fortschritt können Sie während des Scannens im ⑦ **Scanner-Status** ablesen.

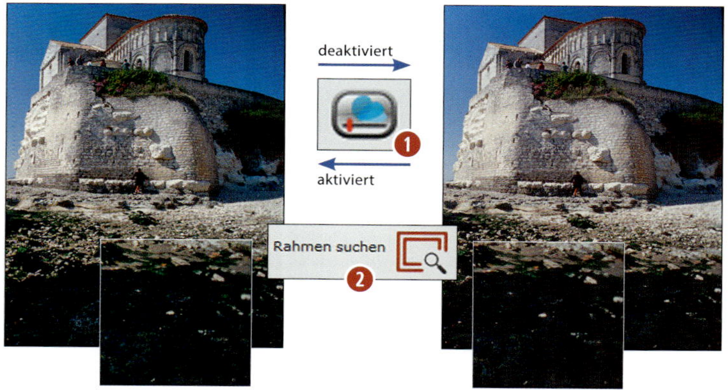

Ein Dia für das Archiv scannen I

① **Multi-Exposure** ist der erste automatisch abgerufene Arbeitsschritt. Durch das zweifache Scannen der Vorlage hilft dieser Arbeitsschritt, vor allem dunklere Bildbereiche differenzierter zu erfassen. Ein weiterer positiver Aspekt ist, dass durch die interne Berechnung der unterschiedlichen Scans Rauschartefakte minimiert werden. Mit dem nächsten Schritt wird der Vorschau-Scan erzeugt und Sie legen durch Ziehen des roten Rahmens den Scan-Bereich fest. Mit Strg F oder durch Anklicken von ② **Rahmen suchen** unterstützt Sie das Programm darin, den gesamten Scan-Bereich zu markieren. Gerade für das Archivieren ist dies meist der richtige Weg.

Ein Dia für das Archiv scannen II

Haben Sie **Archiv** als Ziel gewählt, wird in den Export-Optionen **HDRi RAW** als Dateiformat und damit die Scan-Auflösung auf 48 Bit (16 Bit/ Farbkanal) festgelegt. Zugleich speichern Sie die Informationen des Infrarot-Kanals zur späteren Staub- und Kratzerretusche. Sie erhalten ein (1) **digitales Negativ**, an dem keine Anpassungen vorgenommen werden. Diese erfolgen zeitversetzt und zeitsparend mit (2) **HDR-Studio**, weil Tonwert-, Kontrast- und Farbanpassungen dort im Stapelverfahren erfolgen. Die nachgelagerte Bildoptimierung hat darüber hinaus den Vorteil, dass Sie aus dem gescannten Archivbild unterschiedliche Varianten entwickeln können.

Ein Dia für das Archiv scannen III

Ist die Vorschau erzeugt, der Scan-Rahmen definiert und das Bild vielleicht über (1) **Orient(ierung)** gedreht oder gespiegelt, legen Sie die (2) **Scan-Auflösung** fest. Dazu dient ein Schieberegler. Verlockend ist es, den Regler bis zur Endposition zu ziehen. Allerdings nutzen Sie hier die interpolierte Auflösung des Scanners, die den Scan ohne Qualitätsgewinn groß macht. Nutzen Sie den gelben Bereich voll aus, verwenden Sie die nominelle Auflösung des Scanners. Liegt die Auflösung im grünen Bereich, nutzen Sie die optisch leistbare Auflösung des Geräts. Genau ermitteln Sie die Geräteauflösung mithilfe des (3) **USAF 1951-Testcharts**.

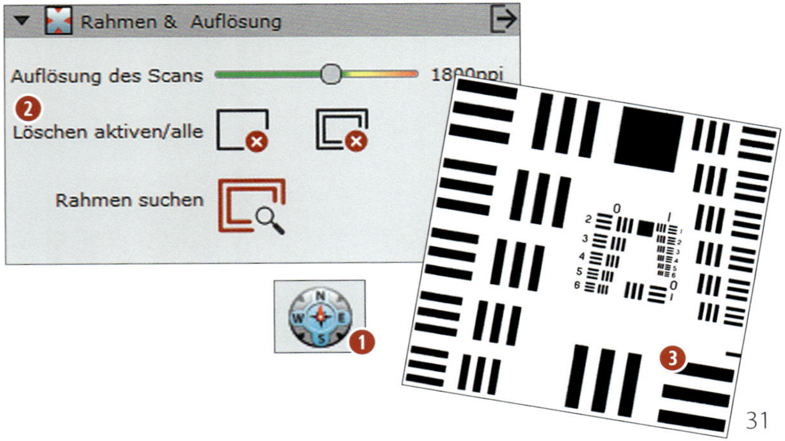

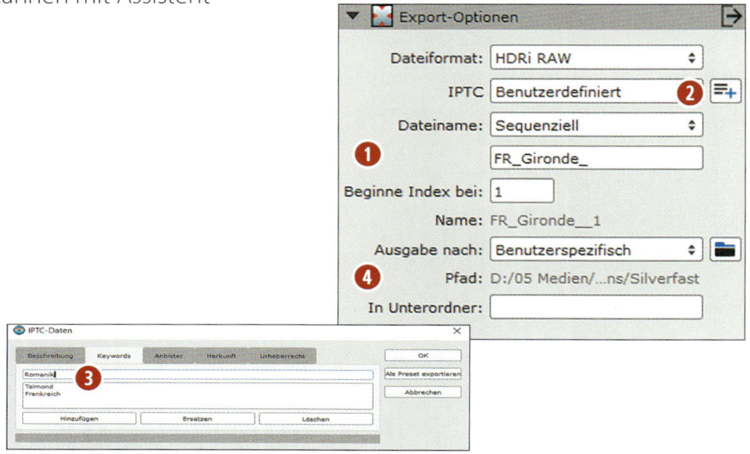

Ein Dia für das Archiv scannen IV

Weiter legen Sie in den **Export-Optionen** den Speicherort fest und Sie benennen das Dokument. Da beim Archivieren oftmals viele Bilder eingescannt werden, empfiehlt sich unter Dateiname ① **Sequenziell** zu wählen und einen **gleichbleibenden Dateinamen** zu vergeben, der durch eine **Indexzahl** ergänzt wird. Die Startnummer legen Sie selbst fest. In Bildarchiven helfen die über ② **IPTC** hinzugefügten Stichworte – Ihre künftigen Suchbegriffe – Dokumente schneller zu finden. Tragen Sie im Dialog die Stichwörter unter ③ **Keywords** ein. Für die ④ **Ausgabe nach** wählen Sie möglichst immer denselben Ordner, den Sie durch **Unterordner** strukturieren.

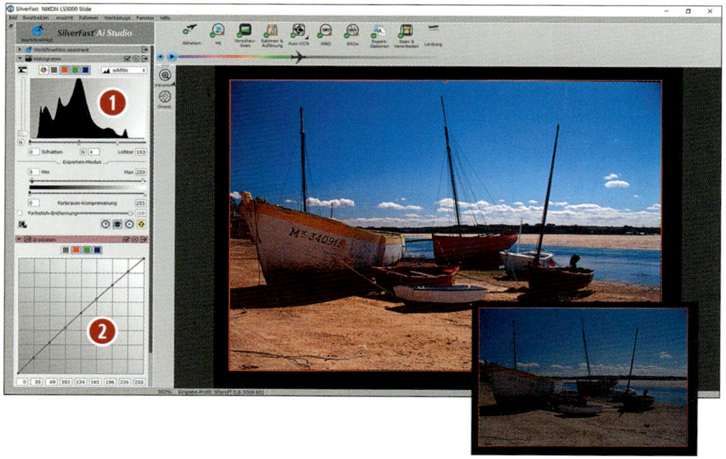

Scannen für den Druck I

Auch beim Scannen für den Druck beginnt der Workflow mit Multi-Exposure und einem Vorschau-Scan. Nachdem Sie den Rahmen und die Auflösung bestimmt haben, ist die automatische Bildoptimierung der nächste Schritt. Bei diesem Schritt werden Helligkeit, Kontrast und Farben im Bild automatisch oder ergänzend über ① **Histogramm** und ② **Gradation** im Kontrolldock manuell angepasst. Dabei dient das Histogramm vor allem zur Anpassung der Bildhelligkeit und zur Festlegung von Schwarz- und Weißpunkt. Die Gradationskurve unterstützt Sie – gegebenenfalls getrennt nach Farbkanälen – bei der Einstellung des Bildkontrastes.

Scannen für den Druck II

Im nachfolgenden Arbeitsschritt der (1) **selektiven Farbkorrektur** wählen Sie einzelne Farben aus dem Spektrum aus, um anschließend Farbton, Helligkeit oder Sättigung anzupassen. Weiter geht es mit einer Bildschärfung, die per (2) **Unscharfmaskierung (USM)** erfolgt. In zwei weiteren Arbeitsschritten nutzen Sie den **iSRD**- und **SRDx-Filter**, um Staub und Kratzer zu retuschieren. Mit der Speicherung wird der Scan-Vorgang beendet. Da der Scan mit einer Auflösung von 8 Bit je Farbkanal erfolgt, kann überlegt werden, das Bild im JPEG-Format zu speichern, was Speicherplatz spart und das Bild für Print, Präsentation und Webanwendung gleichermaßen nutzbar macht.

Scannen für den Druck III

Dass Sie für den Druck scannen, fällt beim Export zuerst beim Blick auf die Vielzahl der angebotenen Exportoptionen auf. Zur Wahl stehen neben (1) **TIF** und (2) **JPEG** auch **JPEG2000**, **PSD** und **PDF**. Wählen Sie TIF, um das Foto mit 24 Bit (8 Bit/Farbkanal) Farbtiefe zu speichern oder JPEG, wenn eine Farbtiefe von 8 Bit genügt. TIF-Dokumente eignen sich insbesondere im professionellen Desktop-Publishing-Workflow. 8 Bit genügen zum Beispiel für ein marktübliches Fotobuch. Die bei JPEG angebotene Qualitätsoption, die eine platzsparende Kompression ermöglicht, sollten Sie – da qualitätsmindernd – in der Regel nicht oder nur in geringem Maß nutzen.

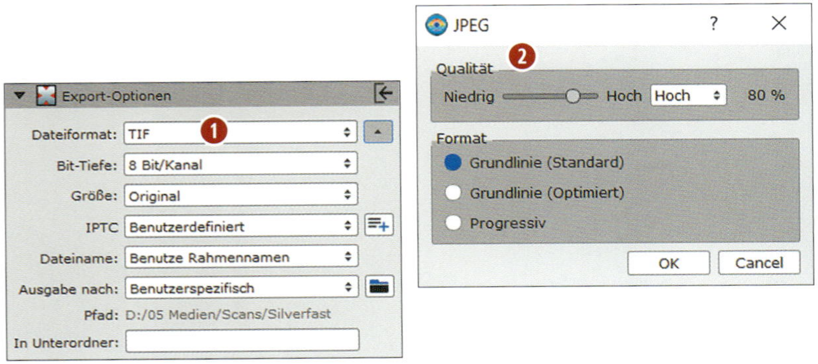

Scannen für den Druck IV

Die von SilverFast Ai Studio angebotenen, als Ziel wählbaren Scan-Presets werden wahrscheinlich in den meisten Fällen ohne weitere Eingriffe zu guten Ergebnissen führen. Mitunter – bei speziellem Ausgangsmaterial – werden Sie selbst Hand anlegen, um die Qualität des Scans zu verbessern. Handelt es sich nicht um einen Ausnahmefall, sondern müssen mehrere gleichartige Vorlagen gescannt werden, speichern Sie bei der ① **Landung** genannten letzten Phase des Workflows die gemachten Einstellungen unter einem beliebigen Namen ab. Das verschafft Ihnen den Vorteil, jederzeit auch im manuellen Scan-Betrieb auf dieses ② **Preset** zugreifen zu können.

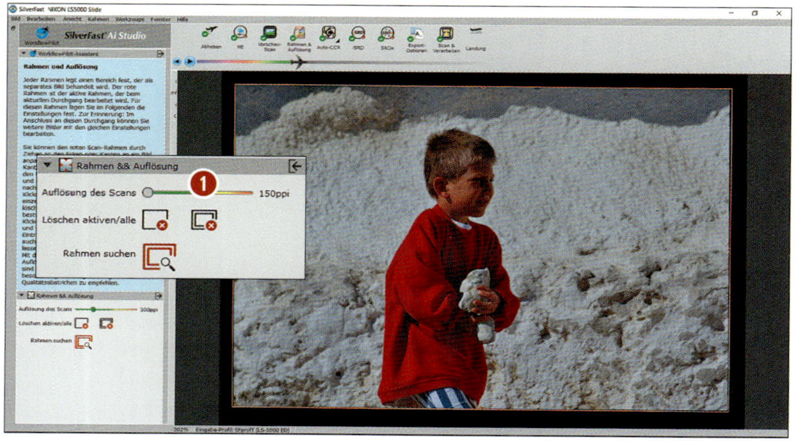

Scannen für die Präsentation

Die im WorkflowPilot bereitgestellte Präsentationsvorlage ist vor allem für Anwender wichtig, die ihre Fotos am TV-Bildschirm oder im Rahmen einer Audiovision zeigen möchten. Anders als bei Fotos für das Archiv oder für den Druck kommt es hier nicht auf eine hohe ① **Auflösung** an. In vielen Fällen wird es genügen, mit zum Beispiel 150 ppi zu scannen. In der Regel wird unterstellt, dass Monitore eine Auflösung von 75 ppi haben. Scannen Sie also mit einer Auflösung von 150 ppi, sollte die Auflösung auch dann noch ausreichend sein, wenn die Monitorauflösung, wie bei aktuellen Geräten üblich, bei etwa 100 ppi liegt.

Problematische Fotos schnell scannen

In der Rubrik **Quickfix** finden Sie zwei Vorgaben: **Lichter schützen** und **Schatten-Details**, die Ihnen helfen, problematische Aufnahmen. Fotos, bei denen die Tiefen- und Lichterzeichung nicht optimal ist, zu digitalisieren. Was die Presets machen, wird beim Blick auf ① **Histogramm** oder **Gradation** deutlich. So werden beim **Schnee-Preset** beispielsweise Weiß und die Lichter angepasst. Und wie auch beim Pendant, dem **Nacht-Preset** wird die Helligkeit durch eine Anpassung der Gradationskurve verändert. Während des Scan-Vorgangs können Sie jederzeit aus den angezeigten ② **Vorgaben** eine wählen, die die Bildqualität nach Ihren Vorstellungen optimiert.

Schwarz-Weiß scannen

Benötigen Sie ohne Umweg über die Bildbearbeitung ein Graustufenbild von einem Farbbild, wählen Sie **Schwarz-Weiß** als Ziel aus. In diesem Workflow finden Sie mit dem **AACO-Filter** eine Einstelloption, die es möglich macht, die Wiedergabe der Schatten einzustellen. Interessanter ist noch der ① **SC2G** genannte Filter. Hier finden Sie Regler für jede **Primär- und Sekundärfarbe**. Für Farben mit vergleichbarer Helligkeit legen Sie hier die visuell richtige Helligkeit individuell fest. Verschieben Sie die Regler, um den Farbkontrast in einen Helligkeitskontrast zu übertragen. Wichtig ist das etwa bei Kontrastfarben wie Rot und Grün, die eine vergleichbare Helligkeit haben.

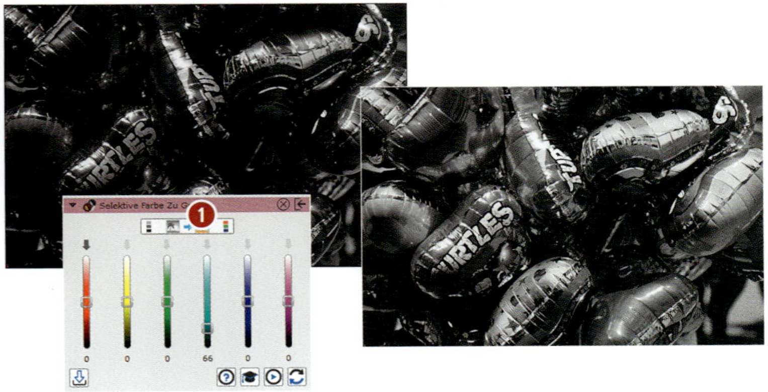

Fotos manuell scannen

Die Verwendung des WorkflowPiloten veranschaulicht, welche Entscheidungen bei einem spezifischen Workflow erforderlich sind. Im folgenden Kapitel schauen wir uns die Einstelloptionen für einen manuellen Workflow im Detail an.

Das Festlegen der Maße und der Auflösung des Scans steht an erster Stelle im Workflow und kann verwirrend sein. Halten wir daher gleich zu Anfang fest: Je höher die Auflösung eines Scans ist, desto größer kann das Bild reproduziert werden. Bevor Sie jedoch die Auflösung des Scans bestimmen, müssen Sie einige Überlegungen anstellen:

Sie müssen wissen, welche Auflösung Sie bei Ihrem Scanner nutzen können und Sie müssen wissen, für welchen Zweck Sie das digitalisierte Bild später benötigen. Der Blick auf die Scanner-Technik zeigt, dass es mindestens zwei Faktoren sind, die maßgeblich die Auflösung des Bildes bestimmen. Entscheidend dabei ist, wie viele Bildpunkte der Sensor im Scanner aufzeichnen kann. Von gleicher Wichtigkeit ist, wie genau das optische System des Scanners das Foto auf dem Sensor abbildet. Wählen Sie einen Wert, der über die physikalischen Grenzen des Scanners hinausgeht, entsteht das Bild durch Interpolation, also durch eine mathematische Berechnung, die unnötig große Bilddateien erzeugt und das Scannen unnötig lange dauern lässt. Zielt Ihr Scannen darauf, Fotos zu archivieren, ist die Interpolation falsch. Greifen Sie auf die nominale Auflösung zurück oder ermitteln Sie die tatsächliche Auflösung mithilfe des USAF1951-Tests.

Scannen Sie für den Druck oder die Verwendung im Web, wird ein anderer Blick interessant: Sie wissen, dass für den professionellen Druck eine Auflösung von 300 dpi oder für die Webseite eine Auflösung von 72 ppi erforderlich ist. Setzen Sie das in Bezug mit der gewünschten Größe der Reproduktion, so können Sie die Auflösung des Scans daraufhin abstimmen, was Zeit beim Einscannen spart und gleichzeitig die Datei nur so groß werden lässt wie notwendig. Der Verwendungszweck spielt dann auch bei der Auswahl des Speicherformats eine Rolle. Eignet sich JPEG gut als Allroundformat, ist DNG die bessere Wahl für das Archiv.

Die Quelle und Vorlagenart wählen

Scannen Sie Dias oder Negative ein, wählen Sie im Kontrolldock ① **Durchlicht**. Bei nicht-transparenten Vorlagen ist es **Aufsicht**. Im Folgeschritt legen Sie genauer fest, ob ein ② **Positiv**, ein **Kodachrome-Dia** oder ein **Negativfilm** eingescannt werden soll. Für Kodachrome-Dias ist diese Festlegung wichtig, um einen Blaustich im digitalisierten Bild zu vermeiden und beim Negativfilm muss die orangefarbene Maskierung aus dem Scan herausgefiltert werden. Zudem muss bei Negativfilmen die Umwandlung in die Originalfarben erfolgen. Das sind Arbeitsschritte, die Zeit kosten. Eine Vorsortierung nach unterschiedlichen Vorlagenmaterialien ist daher sinnvoll.

Format und Farbtiefe für das Archiv

Für die Archivierung wählen Sie ① **64 Bit HDRi RAW**, damit die Infrarotdaten des Scanners für eine spätere automatische Staub- und Kratzerretusche gespeichert werden oder alternativ ② **48 Bit HDR RAW**, wenn der Scanner diese Daten nicht liefert. Als Dateityp wählen Sie ③ **DNG**, um ein digitales Negativ zu sichern oder **TIFF**, das eine größere Kompatibilität zu anderen Bildbearbeitungsprogrammen bietet. Mit Auswahl eines RAW-Formates entscheiden Sie sich parallel für eine nachgelagerte Bildentwicklung, zum Beispiel in HDR Studio. Vorteil dieser Vorgehensweise ist es, dass insbesondere beim Stapel-Scan das Einscannen kontinuierlich erfolgen kann.

Farbtiefe für Druck und Web wählen

Setzen Sie mit Wahl eines RAW-Formates darauf, das archivierte Bild nachträglich in HDR Studio zu entwickeln, empfiehlt sich **48 → 24 Bit** insbesondere dann, wenn das Foto für den Druck, für eine Präsentation oder eine Webgalerie benötigt wird. Wählen Sie als Speicherformat den Dateityp aus, der bestmöglich zu Ihrer Verwendungsabsicht passt: TIFF und PSD eignen sich vor allem für den Druck und die Bildbearbeitung. JPEG wählen Sie für Präsentationen und wenn das Bild online gezeigt wird. Über **Optionen** können Sie die Dateigröße verlustbehaftet komprimieren, indem Sie **Qualität** absenken. **PDF** nutzen Sie für Textdokumente, Strichzeichnungen oder Illustrationen.

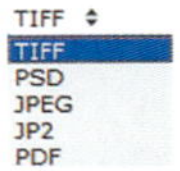

	JPEG	JP2 JPEG2000	TIFF	PSD	DNG
Archiv	**	*	***		***
Office-Druck	***	***	***	***	
Offset-Druck	***		***	**	
Multimedia Präs.	***				
Web-Präsentation	***				
Mail	***	*	*	*	

Vorschau-Scan und Rahmen

Nach dem Vorschau-Scan legen Sie den Bildausschnitt fest, der gescannt werden soll. Drücken Sie [Strg] [F] damit SilverFast Ai einzelne, aber auch mehrere auf einem Flachbett-Scanner platzierte Bilder markiert. (Mit [Alt] [→] und [←] wechseln Sie zwischen den Rahmen.) Möchten Sie den (1) **Rahmen manuell** anpassen, bewegen Sie den Mauszeiger auf eine Ecke des Rahmens. Ziehen Sie den Rahmen zur Anpassung. Es werden Höhe und Breite zeitgleich geändert. Zur getrennten Anpassung von Höhe oder Breite ziehen Sie die jeweilige Rahmenlinie. Über die mittig auf dem Rahmen platzierten Laschen können Sie den Rahmen drehen.

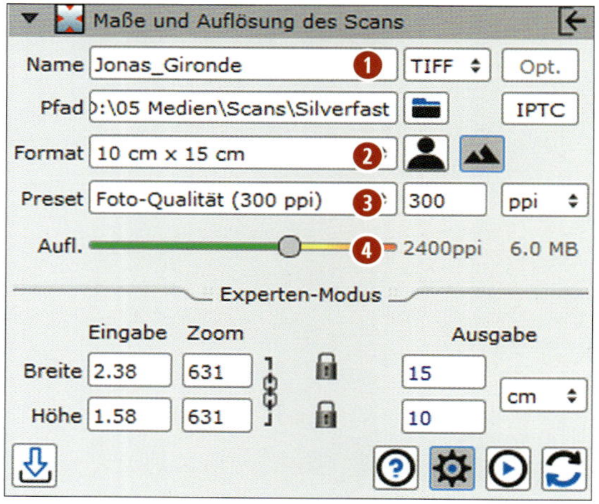

Maße und Auflösung des Scans

Nach den Basiseinstellungen legen Sie unter **Maße und Auflösung des Scans** den ① **Dateinamen** und den **Speicherort** für den Scan fest. Die ② **Format-Presets** unterstützen Sie, den Scan-Rahmen auf ein bestimmtes Papierformat abzustimmen. Auch die Ausrichtung des Rahmens passen Sie hier an. Mit den unter ③ **Preset** versammelten Einstellungen oder über den ④ **Aufl.(ösung)-Schalter** stellen Sie die Auflösung des Scans passend zum gewünschten Verwendungszweck ein. Achten Sie darauf, dass der Regler möglichst im grünen Bereich verbleibt. Andernfalls kann die physikalische Auflösung des Scanners überschritten werden (roter Bereich).

Scanauflösung (ppi)/ Druckauflösung (dpi) * 2,54 = **Druckgröße (cm)**

Vorlage	Scanauflösung	Druckauflösung	Druckgröße (gerundet)
KB-Dia/ KB-Film	1800 ppi	300 dpi	8,06 x 5,36"/ 20,48 x 13,6 cm
KB-Dia/ KB-Film	1800 ppi	225 dpi	10,75 x 7,14"/ 27,31 x 18,14 cm
KB-Dia/ KB-Film	1800 ppi	150 dpi	16,13 x 10,71"/ 40,97 x 27,21 cm
KB-Dia/ KB-Film	3600 ppi	300 dpi	16,13 x 10,71"/ 40,97 x 27,21 cm
KB-Dia/ KB-Film	900 ppi	300 dpi	4,03 x 2,68"/ 10,24 x 6,8 cm

Scan-Auflösung und Druckauflösung

Auflösung ist in der Bildbearbeitung ein mehrdeutiger Begriff. Was Sie beim Scannen wissen, ist, wie viele Bildpunkte durch den Scanner pro Inch (ppi) erfasst werden. Nominal sind es etwa beim Plustek 8200i 1.800 ppi für den Infrarotkanal und jeden Farbkanal. Beim Druck müssen diese Pixel zum Beispiel mit 300 dpi auf dem Papier verteilt werden. Das heißt: Je 300 gescannte Bildpunkte werden genutzt, um einen Inch, das sind 2,54 cm, zu bedrucken. Die maximale Druckgröße eines Kleinbilddias ist somit auf etwa 20 x 13 cm begrenzt. Indem Sie die Druckauflösung auf 150 dpi verringern, können Sie die maximale Druckgröße verdoppeln.

Experten-Modus I

Ein Klick auf das ① **Zahnrad-Symbol** öffnet in **Maße und Auflösung des Scans** (aber auch in vielen anderen Bedienfeldern) den Experten-Modus. Hier können Sie durch Eingabe von ② **Breite** und **Höhe** das Seitenverhältnis des Scan-Rahmens getrennt oder nach Klick auf das ③ **Klammersymbol** gemeinsam festlegen. Durch eine Anpassung der ④ **Aufl.(ösung)** verändern Sie nun die Größe der Ausgabe. Eine Verdopplung der Auflösung bewirkt dabei zugleich eine Verdopplung der Ausgabegröße. Unter ⑤ **Zoom** lesen Sie ab, um welchen Faktor der gerade gewählte Scan-Ausschnitt vergrößert wird. Ein gerader Vergrößerungsfaktor vermeidet Qualitätsverluste.

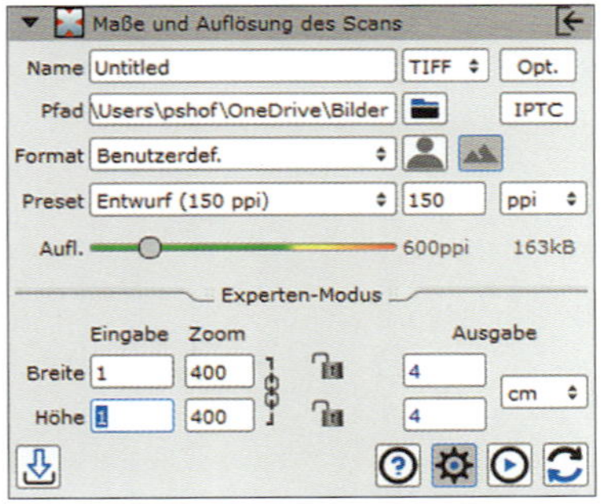

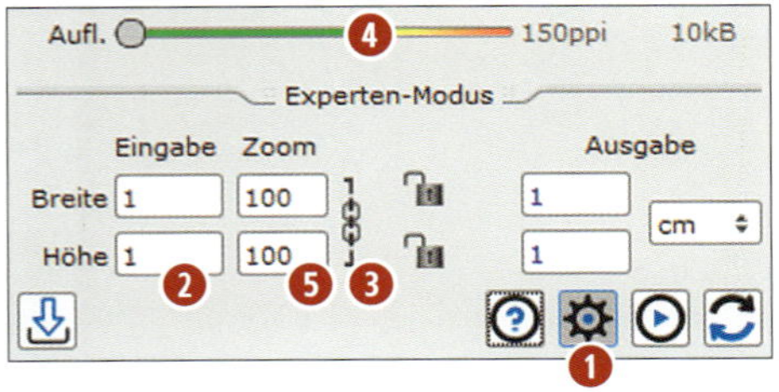

Experten-Modus II

Nutzen können Sie den Experten-Modus aber auch umgekehrt: Geben Sie unter ① **Ausgabe** die gewünschte Zielgröße ein. Sie können dabei das jeweils gewünschte ② **Maßsystem** ändern. Für den Druck empfehlen sich **cm** oder **mm**. Für die Präsentation oder für die Verwendung im Web wählen Sie besser **px** (Pixel). Nach der Eingabe der gewünschten Abmessungen des gescannten Bildes passt SilverFast Ai Studio die dafür benötigte Auflösung automatisch an. Sollte es Ihnen wichtig sein, den Zoom-Faktor festzulegen, also den Grad der Vergrößerung, wählen Sie die Zoom-Eingabefelder als Ausgangspunkt und geben hier den gewünschten Faktor ein.

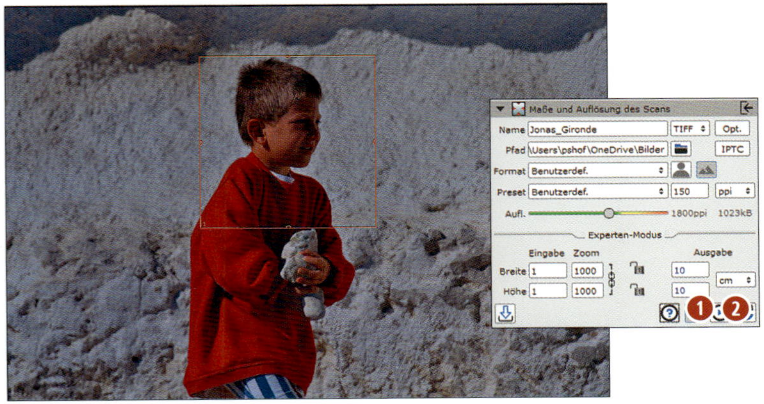

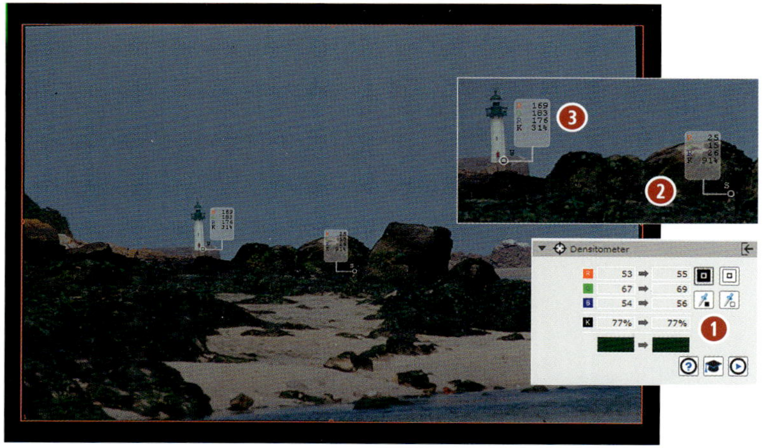

Schwarz- und Weißpunkt finden

Nach dem Vorschau-Scan und nachdem Sie **Farbtiefe**, **Auflösung** und **Rahmen** definiert haben, beginnen Sie mit dem Korrigieren und Optimieren des Bildes. Dazu nutzen Sie die Tools der Werkzeugleisten und des Kontrolldocks. Über das **Densitometer** markieren Sie nach einem Klick auf die ① **Schwarz-** oder **Weißpipette** den ② **dunkelsten** und ③ **hellsten Punkt** im Bild. Bei einem Motiv mit durchschnittlicher Tonwertverteilung werden die Tonwerte in weiteren Arbeitsschritten so angepasst, dass diese Punkte weder unter- noch überbelichtet sind oder – anders formuliert – so, dass der dunkelste und hellste Punkt bei 100 Prozent und 0 Prozent Schwarz liegen.

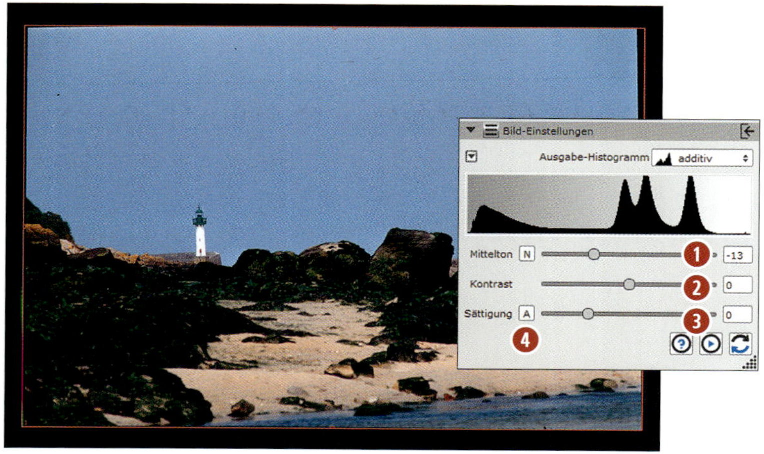

Schnelle Tonwertkorrekturen

Ein erster Weg zur schnellen Bildoptimierung ist die Verwendung von Bild-Einstellungen im Kontrolldock. Hier werden Ihnen drei Regler zur Tonwertoptimierung angeboten. Mit ① **Mittelton** hellen Sie die mittleren Tonwerte auf oder Sie dunkeln sie ab. Mithilfe des ② **Kontrast-Reglers** werden, sofern Sie positive Werte wählen, hellere Bildbereiche aufgehellt, während zugleich dunklere Tonwerte abgedunkelt werden. Bei negativen Werten wird der Kontrast im Bild verringert. Mit dem ③ **Sättigungsregler** beeinflussen Sie die Reinheit der Bildfarben und damit die Farbintensität. Wechseln Sie zum ④ **adaptiven Modus**, um eine Übersättigung zu vermeiden.

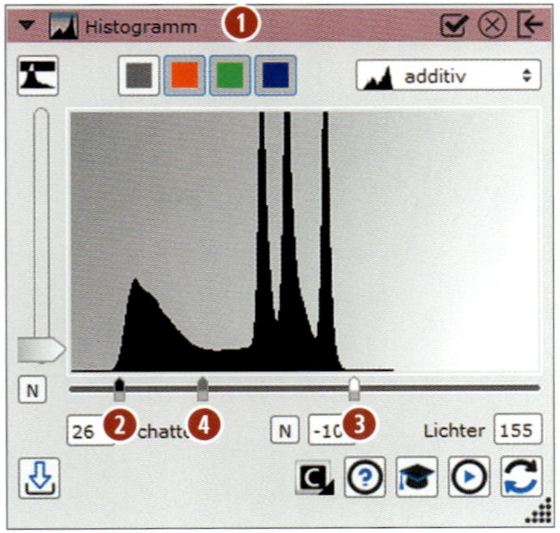

Tonwertkorrektur per Histogramm

Eine Alternative zu den schnellen Tonwertkorrekturen und auch zu den automatischen Korrekturen durch **Auto-CCR** stellen beim manuellen Workflow **Histogramm** und **Gradation** dar. Im ① **Histogramm** sehen Sie die Tonwertverteilung von Schwarz bis Weiß. Klassisch erfolgt die Tonwertkorrektur bei Fotos mit normaler Tonwertverteilung, indem Sie ② **Schwarz-** und ③ **Weißregler** bis zum Anfang des Histogramms ziehen und so den dunkelsten und hellsten Punkt des Bildes neu bestimmen und zudem die Tonwerte des Bildes über das gesamte Tonwertspektrum strecken. Mit dem Regler für ④ **Mitteltöne** verändern Sie die Gesamthelligkeit des Bildes.

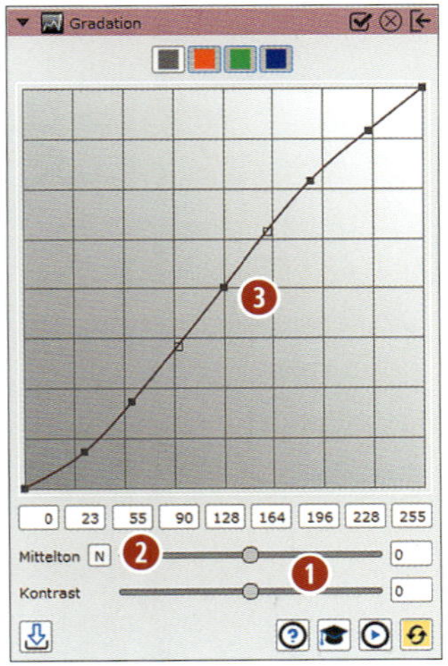

Tonwertkorrektur per Gradation

Die Gradationskurve nutzen Sie in der Bildbearbeitung, um Helligkeit und Kontrast im Bild anzupassen. Dies gelingt unproblematisch, indem Sie den ① **Mittelton**- und den **Kontrastregler** verwenden. Die Stärke der Anpassung steigt beim Wechseln von ② **Normal** zu **Logarithmisch**. Alternativ können Sie die auf dem Graphen liegenden ③ **Kontrollpunkte** verschieben. Nach unten verschoben dunkeln Sie den gewählten Tonwertbereich ab. Nach oben verschoben hellen Sie diesen Tonwertbereich auf. Meist gilt es, mehrere Punkte zu verschieben, damit eine allmähliche Anpassung der Tonwerte erfolgt und es nicht zu Tonwertabrissen kommt.

Globale Farbkorrekturen

Globale Farbkorrekturen nutzen Sie zur Korrektur oder für kreative Anpassungen der Farben. Wählen Sie zunächst, ob alle (1) **Tonwerte** oder nur die helleren, mittleren oder dunkleren angepasst werden sollen. Verschieben Sie dann den (2) **Punkt** innerhalb des Farbwählers. Nach außen gezogen, wird die Sättigung der Farbe erhöht, in deren Richtung Sie den Anfasser ziehen. Umgekehrt wird gleichzeitig die Sättigung der Komplementärfarbe verringert. Um den Regler nicht ziehen zu müssen, können Sie auch (wiederholt) auf den (3) **Farbwähler** klicken, um die Sättigung der dadurch gewählten Farbe zu intensivieren und um die Komplementärfarbe zu entsättigen.

Selektive Farbkorrekturen

Durch eine selektive Farbkorrektur passen Sie gezielt den Farbton, die Sättigung und die Helligkeit der zuvor ausgewählten Farbe an. Zur Farbauswahl klicken Sie in der Vorschau den zu ändernden Farbton an. Im Experten-Modus des Densitometers wird Ihnen der Auswahlbereich (1) **vergrößert** dargestellt. Passen Sie den ausgewählten (2) **Farbton** über **H**(ue) an. Mit **S**(aturation) steuern Sie die **Sättigung** der Farbe und mit **L**(uminance) die **Helligkeit** der Farbe. Alternativ ziehen Sie dazu Farbvektoren aus dem inneren oder äußeren Kreis des Farbkreises. (3) **ACR (Adaptive Farb-Restaurierung)** stellt ausgeblichene Farben wieder her oder passt die Sättigung an.

Unscharf maskieren (USM) I

① **Unscharf maskieren (USM)** ist eine Kontrastverstärkung, die an Hell-Dunkel-Übergängen angewendet wird und Kanten leicht verstärkt, wodurch das Bild schärfer zu sein scheint. Zur Kontrolle der Einstellungen zoomen Sie auf ② **1:1**. Nach einem Vorschau-Scan wird im ③ **Navigator** der gescannte Bildbereich gelb markiert. Sie verschieben den Rahmen, um Bildstellen mit deutlichen Detailstrukturen genauer zu betrachten. Dazu wird die Vorschau von SilverFast neu berechnet. Wählen Sie den **HQ (High Quality)-Vorschaumodus**, entfällt diese Neuberechnung und Sie können die Auswirkung der Korrektur schneller und flüssiger kontrollieren.

Unscharf maskieren (USM) II

Zur unkomplizierten Schärfung verwenden Sie eine der ① **Voreinstellungen**. Manuell legen Sie mit ② **Stärke** den Grad der Schärfung fest und bestimmen mit **Radius**, um wie viele Pixel eine Kante ausgedehnt wird. Mit **Schwellenwert** bestimmen Sie, wie groß der Helligkeitsunterschied zwischen zwei Pixeln sein muss, damit die Schärfung wirkt. Diesen Regler benötigen Sie, um Flächen wie etwa ein Gesicht vor übermäßiger Schärfung zu schützen und die USM nur etwa bei Wimpern wirken zu lassen. Typische Werte für eine sanfte USM sind 50, 0.6 und 2. Erhöhen Sie die Werte, achten Sie auf ③ **Lichtsäume** (Halos) an Kanten, die auf eine Überschärfung hinweisen.

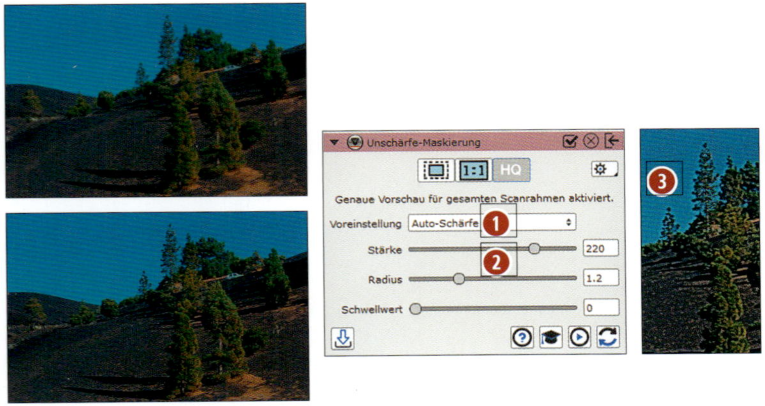

Staub- und Kratzerretusche

Um Kodachrome-Filme ranken sich Mythen. Sollen doch die Entwickler Godowsky und Mannes die Entwicklungszeit durch das Pfeifen einer Beethoven-Symphonie bestimmt haben. Fakt ist, dass dieser bei Profis beliebte Film auch beim Scannen Aufmerksamkeit fordert.

Steve McCurry, bekannt durch sein Porträt eines afghanischen Mädchens, lobt am Kodachrome das großartige Farbspektrum, das nicht zu grell sei und betont, der Film habe mehr Poesie, Zartheit und Eleganz als vergleichbare Filme oder Digitalfotos. Der für seine lebendigen Farben, seine hohe Schärfe und Feinkörnigkeit und auch seine Archivfestigkeit von Profifotografen geschätzte Film, bereitet nicht zuletzt aus diesen Gründen Schwierigkeiten beim Scannen: Kodachrome-Filme sind sehr dicht beziehungsweise kontrastreich und weisen einen großen Dynamikumfang auf. Zugleich zeigt das Bildmaterial einen charakteristischen Blaustich, den es zu entfernen gilt. Dem Farbstich wird bei Auswahl des Kodachrome-Profils automatisch entgegengewirkt. Das Durchdringen gerade der dunkleren Tonwerte und damit die Durchzeichnung der Tiefen gelingt bei Verwendung von Multi-Exposure.

Was bei Kodachrome-Filmen, aber auch bei allen anderen Filmmaterialien problematisch bleibt, ist die Entfernung von Staub und Kratzern. Was wir in diesem Kapitel daher in den Fokus rücken, ist die Anwendung der Staub- und Kratzerentfernung. Sicherlich lassen sich Staub und Kratzer auch mit Photoshop oder einem vergleichbaren Bildbearbeitungsprogramm retuschieren, doch in SilverFast Ai Studio greifen Sie auf eine infrarotbasierte Staub- und Kratzererkennung zurück, sofern Ihr Scanner dies hardwareseitig bereitstellt. Die so erkannten Störungen lassen sich dann weitgehend automatisch mit der infrarotbasierten Staub- und Kratzerentfernung iSRD entfernen.

Wo das nicht möglich ist, weil die Hardware es nicht unterstützt oder weil problematisches Vorlagenmaterial wie etwa Kodachrome- oder Schwarz-Weiß-Filme digitalisiert werden, bietet die Funktion SRDx eine Alternative, die ein mühevolles und zeitaufwendiges Retuschieren mit der Bildbearbeitung unnötig macht.

Kodachrome richtig scannen

Das Scannen von Kodachrome-Material gleicht dem Scannen anderer Dia-Filme. Im Kontrolldock wählen Sie ① **Durchlicht**, eine zum Verwendungszweck passende ② **Farbtiefe** und ③ **Auflösung**. Als Profil wählen Sie ④ **Kodachrome**. Sind diese Einstellungen erfolgt, klicken Sie ⑤ **Vorschau-Scan** und setzen manuell oder mit Strg F einen Rahmen. Vor dem Scannen passen Sie, falls es Ihnen noch notwendig erscheint, zum Beispiel durch ⑥ **Auto-CCR** oder manuell durch Verwendung von **Histogramm**, **Gradation**, **Global CC** oder **Selective CC** Tonwerte und Farben an. In jedem Fall aktivieren Sie aber ⑦ **Multi-Exposure**, um Details in den Tiefen zu gewinnen.

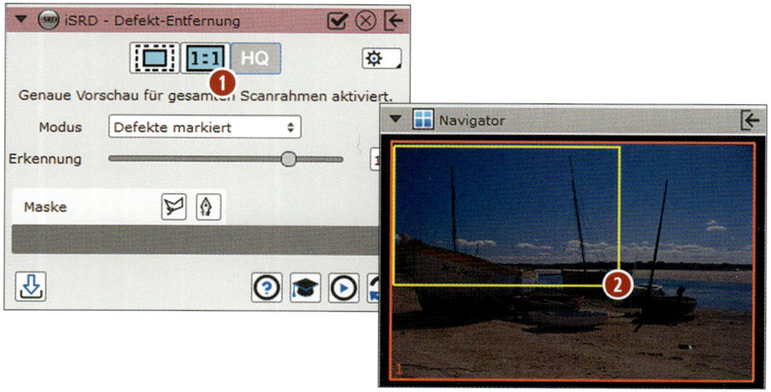

Defekte mit iSRD entfernen I

Die iSRD-Funktion kann genutzt werden, wenn Ihr Scanner eine Staub- und Kratzererkennung über den Infrarotkanal durchführen kann. Ist das hardwareseitig gegeben, aktivieren Sie die Funktion und erzeugen zur besseren Beurteilung der Vorlage eine ① **1:1**- oder besser noch eine **H(igh) Q(uality)-Vorschau**. Bei Letzterer können Sie ohne jeweils neuen Scan durch Verschieben des ② **gelben Rahmens** im Navigator zu jedem beliebigen Punkt im Bild schwenken und Sie sehen die gewählten Anpassungen sofort. Bei der 1:1-Vorschau wäre jeweils ein neuer Vorschau-Scan zu erzeugen und das Einberechnen der Effekte müsste dann für die jeweils neue Vorschau erfolgen.

Defekte mit iSRD entfernen II

Störungen im Bild machen Sie sichtbar, indem Sie im iSRD-Dialog der Modus ① **Defekte markieren** wählen. Jetzt werden Ihnen in der Vorschau die ② **Staubflecken** oder **Kratzer** durch eine rote Markierung angezeigt. Bei ③ **Defekte im Original** sehen Sie die unkorrigierten, beschädigten Bildstellen und der Korrekturmodus veranschaulicht, welche Retuschearbeiten SilverFast Ai Studio im Hintergrund durchführen kann. Den Regler ④ **Erkennung** verwenden Sie, um die Genauigkeit der Defekterkennung zu erhöhen. Dazu ziehen Sie den Regler nach rechts. Werden Körnung oder feine Details als Defekt erkannt und retuschiert, verringern Sie den Erkennungswert.

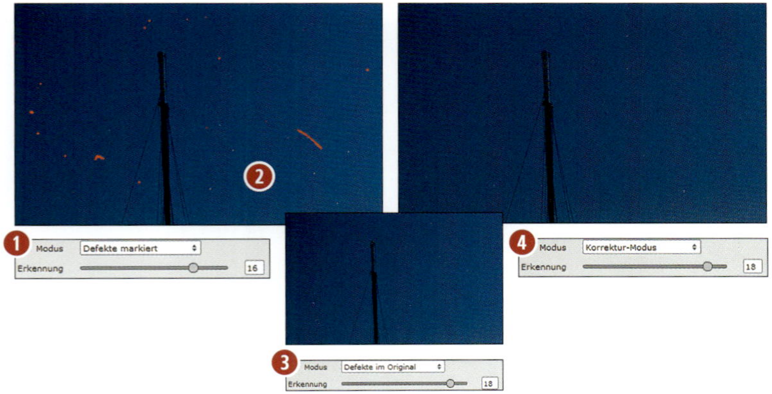

Defekte mit iSRD entfernen III

Zur lokalen Begrenzung der Staub- und Kratzerentfernung wählen Sie **Neue Pfad-** oder **Neue Polygon-Maske**. Setzen Sie per Mausklick in der Vorschau den ① **Ausgangspunkt** der Maskierung. Bewegen Sie den Mauszeiger zum nächsten Ankerpunkt und klicken (② **Polygon**) oder klicken und ziehen (③ **Pfad**) Sie, um einen **neuen Ankerpunkt** zu setzen. Fahren Sie in dieser Weise fort, bis Sie den zu bearbeitenden Bereich grob markiert haben. Während dieses Vorgangs werden Sie aufgefordert, die neu erstellte Maske zu benennen und zu speichern. Vorteil ist, Sie können sie später neu aufrufen und bei Bedarf ändern oder löschen.

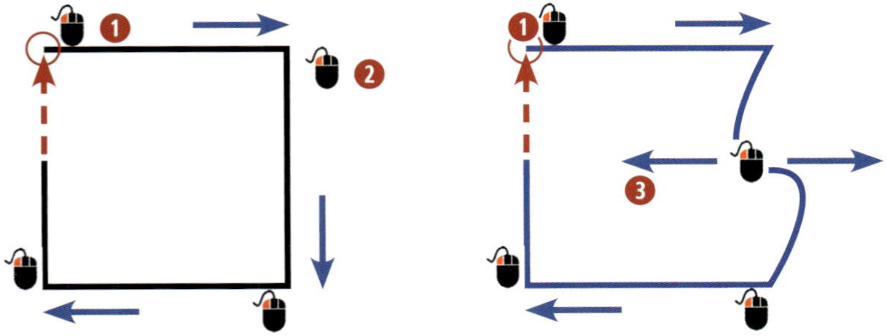

Defekte mit iSRD entfernen IV

Gelingt Ihnen die Auswahl nicht genau genug, klicken Sie länger auf das Werkzeug, mit dem Sie die Auswahl erstellt haben. Wählen Sie (1) **Editieren**, um die bestehende Auswahl zu bearbeiten, indem Sie die angezeigten (2) **Ankerpunkte** verschieben. Drücken Sie [⇧], um Ankerpunkte zu ergänzen, oder [Alt], um gesetzte Punkte zu löschen. Sie können die aktive Auswahl aber auch invertieren, bewegen, ergänzen oder verkleinern. Wechseln Sie in den (3) **Experten-Modus**, legen Sie mit (4) **Detail-Größe** fest, ab wann eine Störung als Störung erkannt wird,und über (5) **Ausdehnung** bestimmen Sie den Radius, innerhalb dessen eine Korrektur angewendet wird.

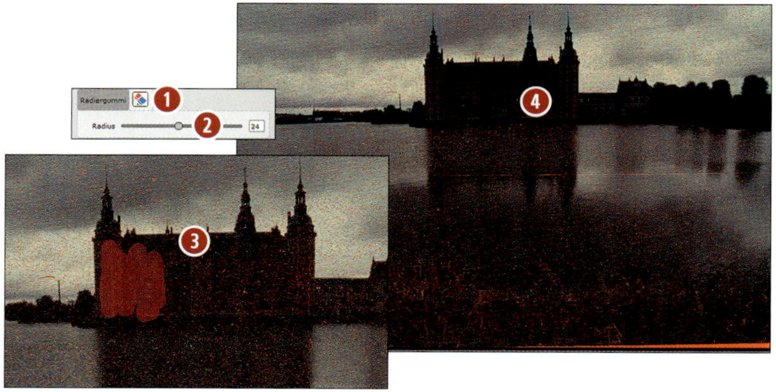

Defekte mit iSRD entfernen V

Insbesondere in den dunkleren Bereichen einer eingescannten Kodachrome-Vorlage werden oft feine Strukturen als Störung erkannt und korrigiert. Sollen diese von der Korrektur ausgespart werden, wählen Sie im Experten-Modus das (1) **Radiergummi** sowie den (2) **Radius** des Werkzeugs und (3) **malen** über die Bildbereiche, in denen (4) **keine Korrektur** erfolgen soll. Sobald Sie das Malen beenden, wird die Korrektur neu berechnet. Bei der Anpassung des Auswahlbereichs wird es Ihnen gelegentlich passieren, dass das Radieren der Maske nicht präzise genug erfolgt ist. In diesem Fall besteht die Möglichkeit, bei gedrückter [Alt]-Taste die Maske zu rekonstruieren.

Korrekturen mit SRDx I

Da nicht jeder Scanner eine infrarotbasierte Staub- und Kratzerentfernung bietet und diese sich auch mit Schwarz-Weiß-Filmen nicht wirkungsvoll einsetzten lässt, stellt SilverFast Ai Studio mit SRDx eine softwarebasierte Alternative bereit. Wie bei jedem anderen Scan-Prozess steht die Funktion zur Verfügung, nachdem Sie einen Vorschau-Scan durchgeführt haben. Haben Sie die Funktion über die vertikale Werkzeugleiste geöffnet, aktivieren Sie zunächst wie bei iSRD die ① **1:1**- oder **HQ-Vorschau**. Ist ② **Defekte markiert** als **Modus** gewählt, werden Ihnen die ③ **Störungen** angezeigt, die bei Positivmaterial meist dunkel, bei Negativmaterial meist hell sind.

Korrekturen mit SRDx II

Geben Sie zu Beginn der Störungsentfernung die ① **Defektgröße**, dann die ② **Erkennungsstärke** vor. Sollte die Fehlererkennung nicht zufriedenstellend sein, markieren Sie per ③ **Polygon**- oder **Pfadmaske** grob die Bereiche, die von der Erkennung ausgeschlossen sein sollen. Oder invertieren Sie die Maske, nachdem Sie die Option durch längeres Anklicken des ④ **Maskierungswerkzeugs** ausgewählt haben. Ergänzend nutzen Sie das ⑤ **Radiergummi** oder den ⑥ **Markierer**, um durch Übermalen Bereiche von der Korrektur auszunehmen oder die ⑦ **Intensität** der Korrektur anzupassen. Sie können die Intensität **Verringern** oder **Erhöhen**.

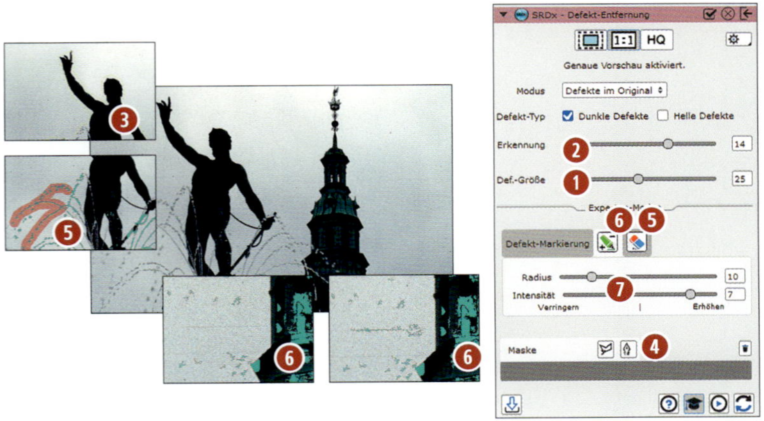

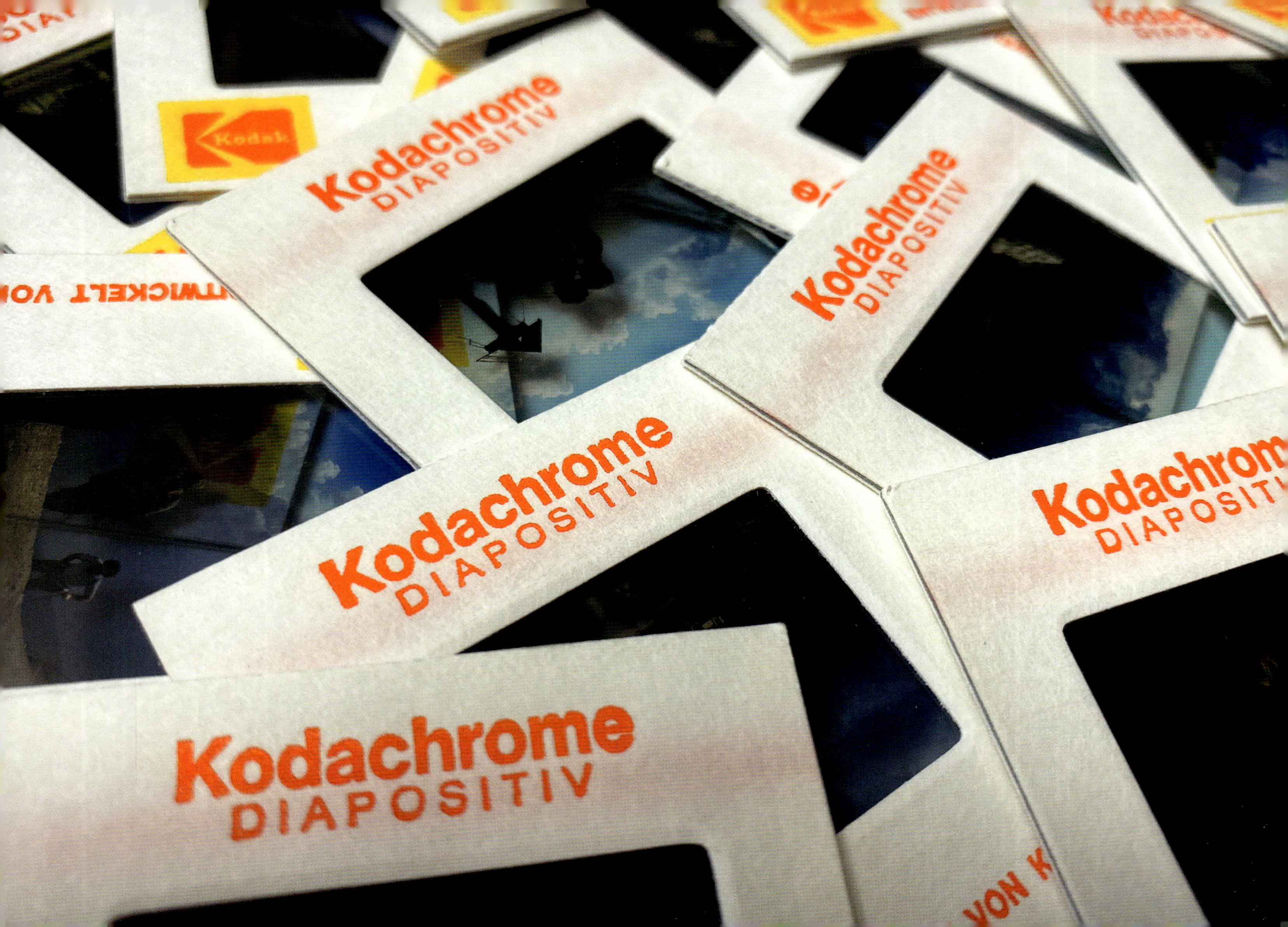
Kodak
Kodachrome
DIAPOSITIV
Kodachrome
DIAPOSITIV
Kodachrome
DIAPOSITIV
Kodachrome
DIAPOSITIV
Kodachrome
DIAPOSITIV

Stapelverarbeitung

Fotos, Postkarten, Eintrittskarten oder das Cover der Lieblingsplatte: Es gibt viele Objekte, die mit einem Flachbett-Scanner digitalisiert werden. Wie Sie insbesondere schwarz-weiße Vorlagen scannen und was es beim Stapel-Scan zu beachten gibt, lesen Sie in diesem Kapitel.

Hört man sich unter Fotografen um und fragt, wie sie ihre Fotos Freunden und in der Familie zeigen, wird man sehr oft hören, dass der Fotoabzug bevorzugt wird. Das ist heute so und als analog fotografiert wurde, war es nicht anders. Fotoabzüge lassen sich mit dem Flachbett-Scanner optimal digitalisieren. Diese Geräte eignen sich aber auch dann optimal, wenn Dokumente, Zeitungsausschnitte, Eintrittskarten oder vielleicht auch das Cover der Lieblingsplatte eingescannt werden sollen.

Der Zweck des Digitalisierens schwankt zwischen hochwertiger Dokumentation und dem Wunsch, Erinnerungen zu bewahren oder vielleicht in einem Fotobuch, einer Audiovision grafische Elemente und Zeugnisse des selbst Erfahrenen zu zeigen. Vielleicht besteht auch der Wunsch, historische Dokumente mit den Bildern der Gegenwart zu kontrastieren.

Zu Beginn des Kapitels steht jedoch noch ein anderes Thema im Fokus. Wer viele Dias zu digitalisieren hat, weiß, dass dies ein langwieriger Prozess werden kann. Wird das Dia mehrfach gescannt und werden beispielsweise Tonwerte, Farben und Kontraste angepasst oder Staub und Kratzer entfernt, kann es je nach Geschwindigkeit des Scanners und Belastbarkeit des Rechners schon zwischen drei und fünf Minuten dauern, bis das Dia abschließend entwickelt und gespeichert ist.

Hier ist es gut, dass Scanner wie der Multimag SlideScan 7000 mit klassischen Diamagazinen *gefüttert* werden können. Die Dias werden nach und nach ohne Benutzereingriff digitalisiert. Für optimale Scan-Ergebnisse scannen Sie möglichst gleichartiges Bildmaterial und rahmen die Fotos glaslos ein.

Beim Stapel-Scan empfiehlt es sich, die Bearbeitung nachträglich mit SilverFast HDR Studio durchzuführen. Das ginge zwar auch mit Lightroom, Photoshop oder etwa Affinity Photo. Doch leider können Sie in diesen Programmen nicht den Infrarotkanal und damit die darauf basierende Staub- und Kratzerentfernung nutzen.

Den Stapel-Scan vorbereiten

Wer Dias projiziert, weiß, dass abhängig vom Projektor verschiedene Magazine verwendet werden. Der Multimag SlideScan 7000 ist hier recht vielseitig aufgestellt. Sie können zum Beispiel CS- und Universalmagazine, aber auch Paximat-Magazine nutzen. Welchen Magazintyp Sie auch immer verwenden: Achten Sie darauf, dass Sie das Bild seitenrichtig betrachten und dann die Dias um 180° gedreht in das jeweilige Magazin einlegen. Bei allen Magazinen bis auf das Universalmagazin können Sie den orangefarbenen Adapter auf dem Dia-Transportarm in seiner Ursprungsposition belassen, bevor Sie den Transportarm zurückziehen und das Magazin einsetzen.

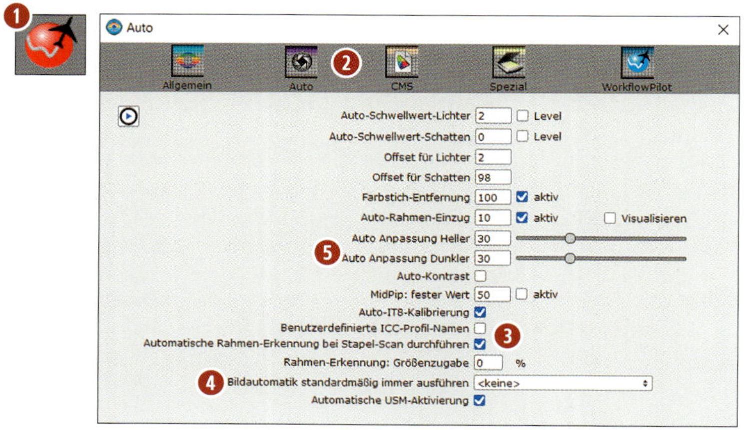

Den Stapel-Scan einrichten

Der Stapel-Scan funktioniert nicht in Kombination mit dem Autopiloten. Wechseln Sie darum in den manuellen Modus, der durch das ① **rote Icon** gekennzeichnet ist und rufen Sie über **Bearbeiten** den **Einstellungen-Dialog** auf. Im ② **Auto-Register** aktivieren Sie zusätzlich zu den standardmäßig aktivierten Vorgaben ③ **Automatische Rahmen-Erkennung bei Stapel-Scan** durchführen. Weitere Parameter passen Sie bei Bedarf und nachdem Sie Erfahrungen mit dem Scanner gesammelt haben, an. Wählen Sie dazu ④ **Bildautomatik standardmäßig immer ausführen**, legen Sie über ⑤ **Autoanpassung** den Prozentwert für Aufhellung und Abdunklung fest.

Ein Diamagazin scannen I

Am Ende der vertikalen Werkzeugleiste finden Sie die Spezialwerkzeuge für den Stapel-Scan. Für den Multimag SlideScan 7000 sind dies ein Übersicht-Schalter und zwei Schalter, um das Magazin vorwärts und rückwärts zu bewegen. Klicken Sie auf ① **Übersicht**, dann auf Einstellungen. Tragen Sie unter ② **Aktuelle Position** ein, ab welcher Position im Magazin gescannt werden soll. In der Regel wird dies beim ersten Bild beginnen. Mit ③ **Maximale Anzahl** an Dias legen Sie fest, wann der Scan-Vorgang beendet werden soll. Üblich sind Magazine mit 36, 50 oder 100 Fotos. Verwenden Sie ein Rundmagazin, ist es notwendig, dass Sie ④ **Rotations-Magazin** aktivieren.

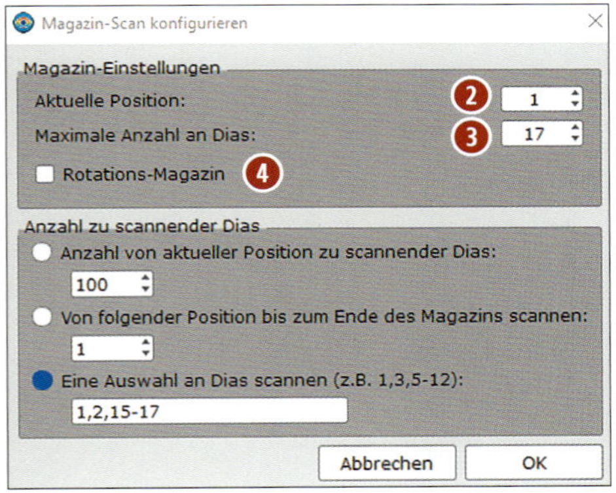

Ein Diamagazin scannen II

Mit den Optionen unter ① **Anzahl zu scannender Dias** legen Sie fest, ob beginnend mit der aktuellen Position eine ② **festgelegte Zahl** von Bildern gescannt werden soll. Soll der Scan-Vorgang ③ **an einer bestimmten Position im Magazin beginnen** und bis zum Ende des Magazins erfolgen, tragen Sie die Startposition nach Auswahl der zweiten Option ein. Zum Scannen einzelner ④ **Dias oder Dia-Gruppen** tragen Sie die gewünschten Positionen kommagetrennt ein, bei Dia-Gruppen verwenden Sie einen Bindestrich. Den Scan-Vorgang starten Sie nach Festlegung der Maße und Auflösung des Scans mit Strg Alt S oder über **Datei → Stapel-Scan**.

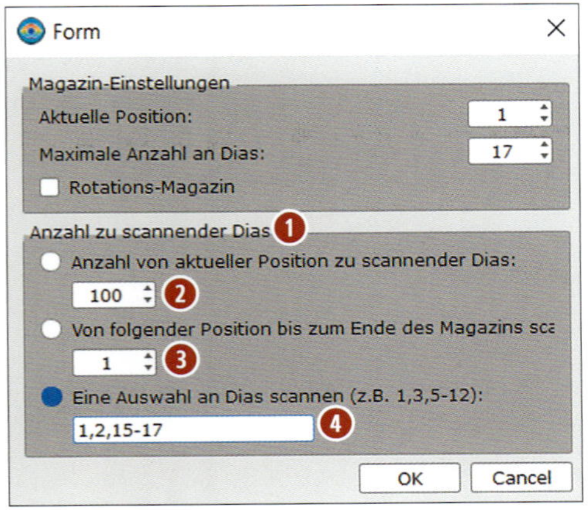

Ein Diamagazin scannen III

Scannen Sie Bilder aus einem Magazin ein, die Sie sich vorher nicht zur Auswahl auf einem Leuchtpult ansehen konnten, empfiehlt es sich, im Übersichtsdialog mit ① **Übersicht aktualisieren** zunächst Vorschauen aller im Magazin enthaltenen Fotos, zu erzeugen. Per Mausklick legen Sie nach erfolgtem Übersichts-Scan die Bildauswahl fest. Den Fortschritt des Stapel-Scans verfolgen Sie im Scanner-Status-Fenster. Hier haben Sie auch die Möglichkeit, das Einscannen eines einzelnen Bildes durch Anklicken des ② **gelben Icons** abzubrechen. Klicken Sie dieses Icon bei gedrückter Alt-Taste an, wird der gesamte Stapel-Scan abgebrochen.

Filmstreifen scannen I

Flachbettscanner wie der Epson Perfection V850 Pro werden mit einem Set von Haltern geliefert. Darunter befindet sich auch ein ① **Filmstreifenhalter** für 35-mm-Film, den Sie nach Entfernen der Abdeckung für den Durchlichtaufsatz auf den Scanner legen. In den Filmstreifenhalter können Sie bis zu drei Filmstreifen vollständig einlegen. Achten Sie darauf, dass die glänzende Filmseite dabei nach oben zeigt, damit die Fotos seitenrichtig gescannt werden. Nachdem Sie den Halter bestückt haben, drehen Sie ihn um und legen ihn so auf das Vorlagenglas, dass er oben rechts anliegt. Die ② **Indexmarken** zeigen danach mit den Spitzen aufeinander.

Filmstreifen scannen II

Bei Benutzung von ① **Filmstreifenhaltern** erkennt SilverFast Ai Studio die Position der Halter und damit die Position der Bilder. Um sicherzustellen, dass nichts vom Bild abgeschnitten wird, stellen Sie über **Bearbeiten → Einstellungen → Auto → Rahmenerkennung: Größenzugabe** einen Wert von 5 Prozent ein. Wählen Sie im Kontrolldock, welches ② **Filmmaterial** gescannt werden soll. Stellen Sie die ③ **Farbtiefe** und auch ④ **Maße und Auflösung des Scans** ein. Nach einem Vorschau-Scan klicken Sie im Kontrolldock auf ⑤ **Rahmen → Rahmen finden → Filmstreifen 35 mm** oder eine andere Option. Automatisch werden auf dem Filmstreifen alle Bilder identifiziert.

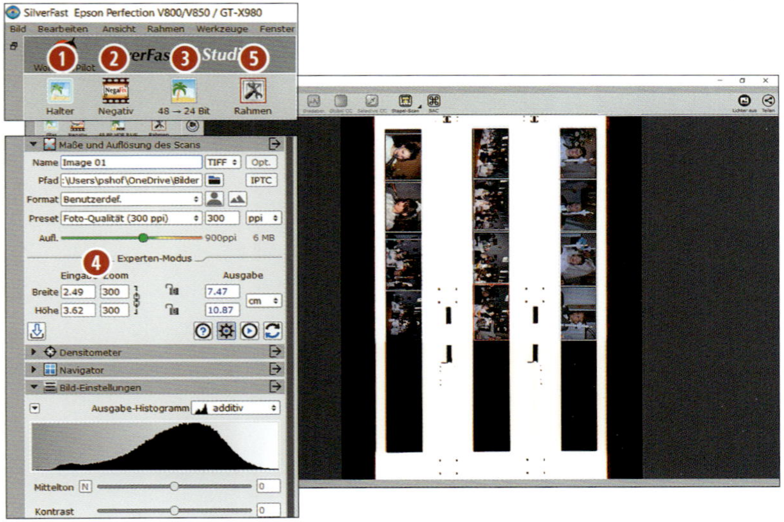

Filmstreifen scannen III

Sind die einzelnen Rahmen identifiziert, beginnen Sie mit dem Stapel-Scan, indem Sie [Strg] [Alt] [S] drücken, den Befehl über das Dateimenü aufrufen oder in der horizontalen Werkzeugleiste ① **Stapel-Scan** auswählen. Im Dialog übernehmen Sie die Eingaben unter ② **Datei** und ③ **Info**, achten jedoch unter **Dateibenennung** darauf, das Sie hier ④ **Sequenziell** gewählt haben, damit der hier ebenfalls einzugebende Dateiname durch eine fortlaufende Zählung ergänzt wird. Legen Sie über ⑤ **Start-Index** fest, wo die Zählung beginnen soll und stellen Sie als ⑥ **Export-Pfad** den gewünschten Speicherort für die gescannten Bilder fest. Klicken Sie ⑦ **Exportieren**.

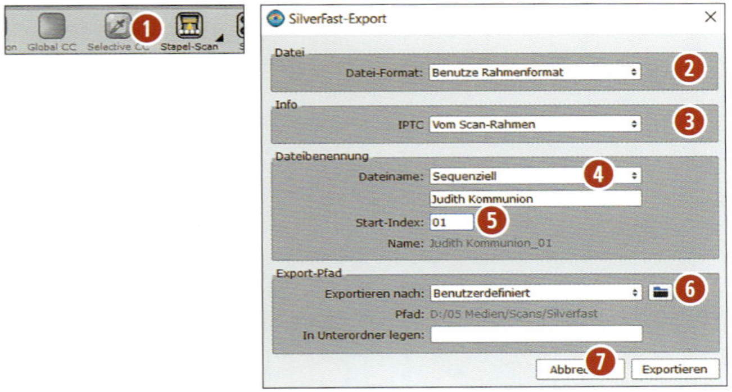

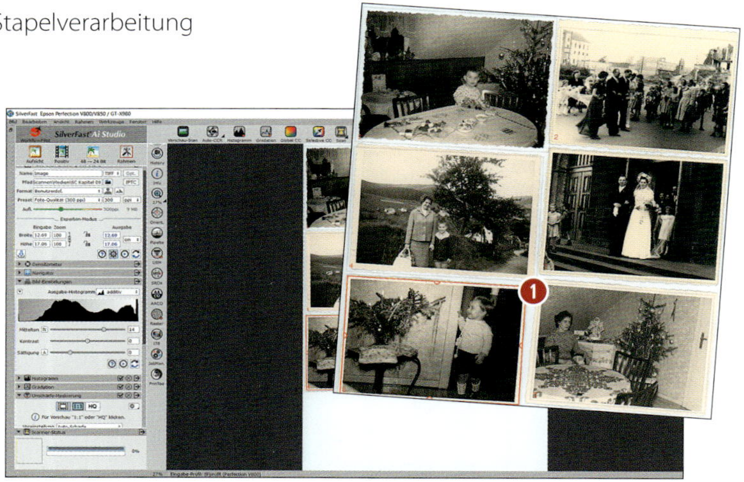

Aufsichtsvorlagen scannen

Bei der Durchsicht alter Fotos werden Sie feststellen, dass diese in den – aus heutiger Sicht – eigentümlichsten Formaten vorliegen. Gleichwohl hindert auch das nicht, mit dem Stapel-Scan-Verfahren zu arbeiten. Verteilen Sie zunächst die Fotos auf dem Vorlagenglas und achten Sie dabei darauf, dass Sie die Bilder innerhalb des durch Markierungen gekennzeichneten Bereichs platzieren. Sinnvoll ist es, zwischen den Bildern einen freien Bereich zu lassen, der die Identifikation des Einzelbildes möglich macht. Über **Rahmen → Rahmen finden → Alle Rahmen** oder schneller über Strg F sorgen Sie für die (1) **Rahmenerkennung.** Strg Alt S startet dann den Stapel-Scan.

Die richtige Auflösung

Ältere Fotos sind mitunter sehr klein. Scannen Sie sie mit einer Auflösung von 300 ppi, so genügt diese Auflösung in jedem Fall, um Sie in guter Qualität etwa in einem Fotobuch zu reproduzieren. Allerdings können Sie sie in dieser Auflösung nur in der Originalgröße ohne Qualitätsverlust drucken lassen. Möchten Sie das Bild auch in einem größeren Maßstab reproduzieren oder planen Sie, Ausschnitte aus dem Foto zu zeigen, sollten Sie mit einer höheren Auflösung scannen. Ein Foto mit einer Kantenlänge von 6 cm bei 300 ppi gescannt, kann beispielsweise mit einer Kantenlänge von 12 cm reproduziert werden, wenn Sie die Auflösung auf 600 ppi verdoppeln.

Dokumente scannen

Nicht allein in Fotos stecken Erinnerungen. Gern bringen wir von unseren Reisen Eintritts- oder Speisekarten mit, die Zeugnis von einem besonderen Erlebnis geben. Für Chroniken wird sicherlich das ein- oder andere Mal auch ein Geldschein oder ein anderes Zeitdokument einzuscannen sein. Auch bei solchen Dokumenten ist es wichtig, mit einer höheren Auflösung zu scannen. Dabei steht nicht unbedingt der Wunsch, das Dokument zu vergrößern, im Vordergrund. Die hohe Auflösung sorgt vor allem dafür, dass zum Beispiel Rundungen im Text oder feine Details der Grafik besser und detaillierter wiedergegeben werden.

Drucke scannen

Gedruckte Bilder, zum Beispiel Postkarten oder Bilder aus Zeitschriften, zeigen stets ein Druckraster. Scannen Sie diese Vorlagen möglichst unter Verwendung der **Auto-CCR-Vorgabe Schnee**, um Tiefen nicht zu stark abzudunkeln. Vor dem abschließenden Scan rufen Sie über die vertikale Werkzeugleiste **Raster** auf. Wechseln Sie in die **HQ-Vorschau**. Geben Sie, wenn bekannt, den ① **Raster (lpi)-Wert** ein, wählen Sie sonst ② **Automatisch** beziehungsweise eines der angebotenen Presets. Enthält der Druck Text, vermeiden Sie die mit der Entrasterung verbundene Weichzeichnung, wenn Sie eine der Vorgaben unter ③ **Text erhalten** wählen.

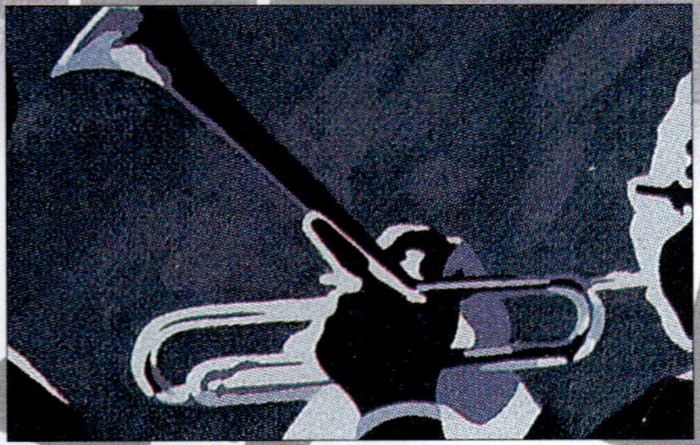

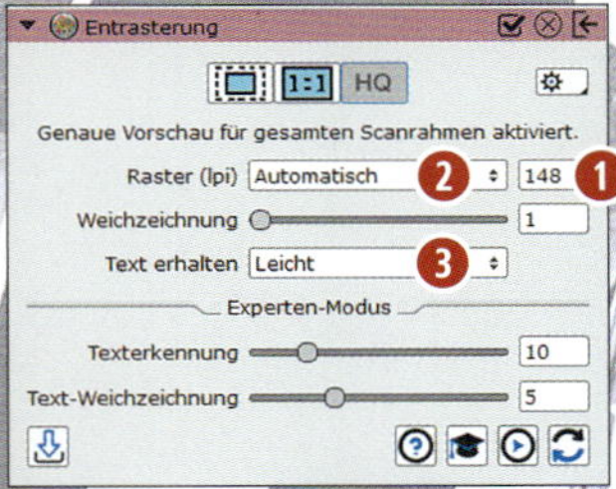

Bildoptimierung mit HDR Studio

Werden viele Fotos für das Archiv digitalisiert, verzögert es den Prozess, wenn nach dem Scannen jedes Bild für sich korrigiert und optimiert werden muss. Mit SilverFast HDR Studio gelingt das in der nachgelagerten Bearbeitung dank Stapelverarbeitung schneller.

Die Werkzeuge, die SilverFast HDR Studio bietet, sind identisch mit denen, die Sie schon bei SilverFast Ai Studio kennengelernt haben. Aber der Blick auf SilverFast HDR Studio erlaubt es, noch einmal den gesamten Workflow in den Blick zu nehmen und detaillierter auf einzelne Arbeitsschritte zu blicken.

Der typische Ansatz ist, die Stärken von SilverFast Ai Studio und HDR Studio zu kombinieren, weshalb beide Programme auch in der Archive Suite gebündelt werden. Mit Ai Studio werden die Originale möglichst im Stapelverfahren digitalisiert. Wenn technisch möglich, speichern Sie zusätzlich zu den Helligkeitsinformationen der Farbkanäle auch die Informationen des Infrarotkanals, wodurch die Staub- und Kratzerentfernung in der nachgelagerten Bildbearbeitung mit HDR Studio in weiten Teilen automatisiert werden kann. Weiter bietet Ihnen die Bildverarbeitung mit SilverFast HDR Studio die Möglichkeit, die einmal archivierten Fotos jederzeit in einem anderen Format und mit anderen Entwicklungsparametern neu zu exportieren, ohne das Bild neu zu digitalisieren, was insbesondere bei älteren und wertvollen Dokumenten wichtig sein kann. Selbst die 48-Bit-Daten Ihrer digitalen Kamera können Sie mit dem Programm entwickeln. Abgesehen von der Staub- und Kratzerentfernung ist der Workflow sogar vergleichbar mit anderen Bildbearbeitungsprogrammen. Sie werden die Tonwerte des Bildes optimieren, bevor Sie im nächsten Schritt den Kontrast anpassen. Mit der Korrektur der Farben und der Schärfung ist der Entwicklungsprozess meist abgeschlossen und Sie exportieren die Fotos mit der für die Zielanwendung notwendigen Auflösung und im gewünschten Endformat, zum Beispiel TIFF oder JPEG. Erleichtert werden die Anpassungen, weil sich Einstellungen einfach von einem Musterbild auf andere Fotos übertragen und dann im Stapelverfahren anwenden lassen. In SilverFast HDR Studio verwenden Sie dazu den JobManager.

Den Virtuellen Leuchttisch nutzen I

Die Bildauswahl, die am **Virtuellen Leuchttisch** gezeigt wird, ist abhängig davon, welches Laufwerk und welchen Ordner Sie zuvor über das Navigationswerkzeug geöffnet haben. Insofern ist der Virtuelle Leuchttisch (VLT) vergleichbar mit klassischen Bildbrowsern wie Adobe Bridge oder XNView und nicht mit Bilddatenbanken wie ACDSee oder Lightroom. Zur Auswahl eines Ordners öffnen Sie über das ① **Navigationswerkzeug** die Dateiverwaltung Ihres Rechners und navigieren zum gewünschten Ordner. Weitere Schalter und ein Listenfeld erlauben es, ② **zwischen Ordnern und Laufwerken zu wechseln**. Auch eine ③ **Suche** und eine ④ **Sortierung** finden Sie.

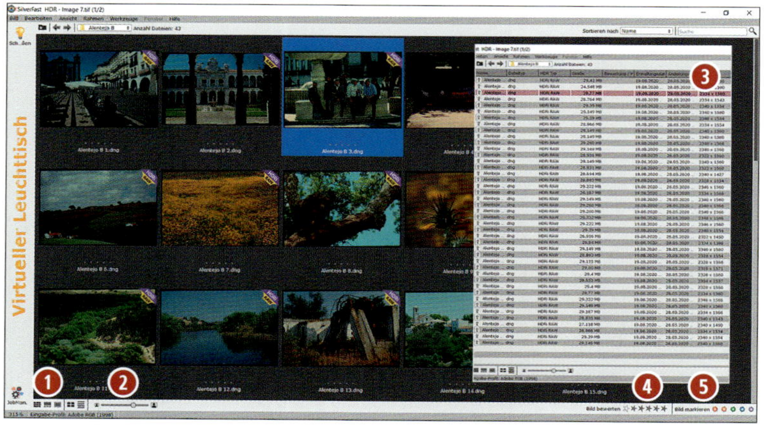

Den Virtuellen Leuchttisch nutzen II

In der Regel sehen Sie im Virtuellen Leuchttisch Miniaturen (Thumbnails) und eine Bildvorschau. Mit den Schaltern unterhalb der Miniaturvorschau wechseln Sie in den ① **Übersichtsmodus** oder zur **Vorschau**. Weiterhin lassen sich die Miniaturen über einen Regler ② **skalieren** und es besteht die Möglichkeit, eine ③ **Dateiliste** anzuzeigen. Die ④ **Bildbewertung** erfolgt über ein Sternesystem und über ⑤ **Farbmarkierungen** lassen sich Bilder gruppieren. Nutzen Sie die Bildbewertung, um den Arbeitsaufwand zu organisieren. Entwickeln Sie Bilder mit 1-Stern-Bewertung automatisch im Stapelverfahren. Bessere Bilder bearbeiten Sie mit Aufwand einzeln.

Den Virtuellen Leuchttisch nutzen III

Zur besseren Bewertung eines Bildes klicken Sie auf eine beliebige Stelle in der Vorschau. Die ① **Lupe** zeigt eine 100-Prozent-Darstellung. Per Doppelklick auf ein Thumbnail öffnen Sie das Bild in der Bildbearbeitung, aus der heraus Sie über den Schalter ② **VLT** in der horizontalen Werkzeugleiste wieder zurück zum Virtuellen Leuchtpunkt wechseln. Fotos, die in gleicher Weise zu entwickeln sind – etwa eine automatische Korrektur – übergeben Sie an den Job-Manager zur Stapelverarbeitung. Wählen Sie dazu die Fotos in der Übersicht aus und klicken im Kontextmenü der Miniatur auf ③ **Ausgewählte Bilder zum JobManager hinzufügen**.

SilverFast HDR Studio im Überblick

Die Oberfläche von SilverFast HDR Studio unterscheidet sich kaum von der SilverFast Ai Studio-Oberfläche. Neben dem ① **Kontrolldock** finden Sie die ② **vertikale Werkzeugleiste** und die ③ **Vorschau**. Darüber ist die **horizontale Werkzeugleiste** platziert. Hier finden Sie neben dem ④ **Wechselschalter** zum Virtuellen Leuchttisch Schalter zum Wechsel in den ⑤ **Vollbildmodus**, zum **Abdunkeln** der Benutzeroberfläche und zum **Teilen** der Bilder über flickr und die Dropbox. Etwas versteckt über das Menü **Ansicht** kann noch, was für das Drucken relevant ist, in die Softproof-Anzeige gewechselt werden. In diesem Dialog finden Sie auch die Befehle zum Zoomen.

Den JobManager verwenden

Die dem JobManager hinzugefügten Fotos erscheinen in einem ① **Bildstapel**. Sie können jedes Objekt durch einen Doppelklick zur individuellen Anpassung in die Bearbeitung nehmen. Dazu stehen Ihnen alle Bearbeitungswerkzeuge zur Verfügung, die Sie auch schon aus SilverFast Ai Studio kennen. Sinnvoll ist es, wenn Sie Bilder für das Archiv optimieren, zunächst die Rahmen zu prüfen und gegebenenfalls neu anzupassen. Möglich ist auch, bei gedrückter linker Maustaste ② **weitere Rahmen** aufzuziehen, um beispielsweise Bildausschnitte als neues Foto zu exportieren. Jeder Rahmen wird dabei als separater, individuell anpassbarer Eintrag im JobManager angezeigt.

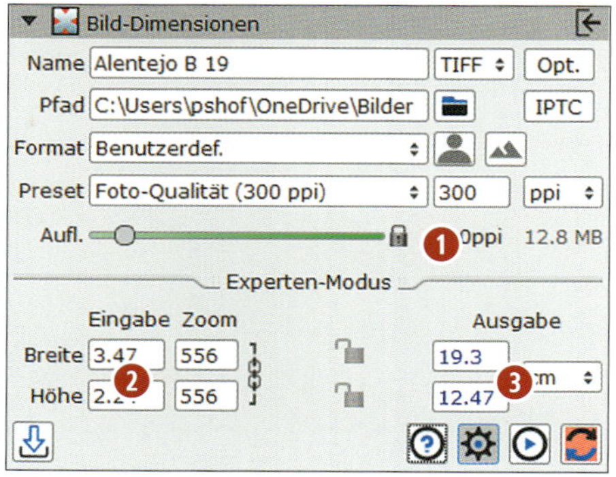

Auflösung wählen

Im folgenden Arbeitsschritt legen Sie für jeden Scan-Rahmen beziehungsweise für jeden Eintrag im JobManager fest, mit welcher ① **Auflösung** das Bild zu exportieren und welches ② **Format** dabei zu verwenden ist. Die Einstellungen nehmen Sie über Bild-Dimensionen vor. In der Regel benötigen Sie für einen hochwertigen Ausdruck 300 ppi, für die Reproduktion auf dem Home-Office-Drucker 150 ppi und 75 ppi für eine Veröffentlichung auf einer Webseite. Die exakten Rahmenabmessungen legen Sie in diesem Dialog über die Eingabe von Höhe und Breite fest. Die resultierende Bildgröße lesen Sie unter ③ **Ausgabe** ab.

Tonwerte einstellen

Zur Bildoptimierung nutzen Sie in der vertikalen Werkzeugleiste (für Bilder, die Sie mit nur einem Stern bewertet haben) die Vorgaben unter ① **Auto-CCR**. Bei besser bewerteten Bildern wechseln Sie zum **Histogramm** und setzen den ② **Schwarz-** und ③ **Weißpunkt** getrennt nach ④ **Farbkanälen**. Im ⑤ **Expertenmodus** legen Sie den hellsten und dunkelsten Punkt des Ausgabefarbraums fest. Die per Histogramm durchgeführten Anpassungen stimmen Sie damit auf die Reproduktionsmöglichkeiten einer konkreten Druckmaschine ab. Oftmals liegen die Werte der ⑥ **Farbraum-Komprimierung** zwischen 2 und 253.

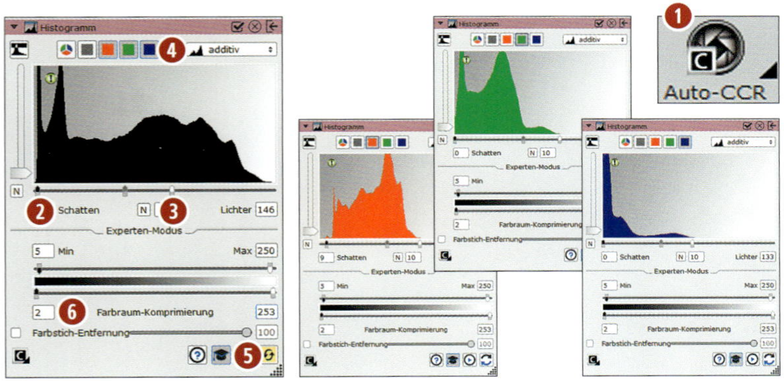

Kontrast und Farbe einstellen I

Ein weiterer Schritt zur Bildoptimierung ist die Anpassung des Kontrastes mit Hilfe der ① **Gradationskurve**, die für eine größere Genauigkeit ebenfalls getrennt nach Farbkanälen durchgeführt werden kann. Dabei gilt, dass beim Ziehen eines Knotenpunktes nach oben die Helligkeit des gewählten Punktes und der korrespondierenden Punkte erhöht wird. Beim Ziehen der Kurve nach unten wird die Helligkeit verringert. Die Korrektur über die Farbkanäle erweitert die Funktionalität noch um die ② **Farbanpassung**. Verwenden Sie den Graphen zur Aufhellung, wird die Kanalfarbe verstärkt, während beim Abdunkeln die Komplementärfarbe verstärkt wird.

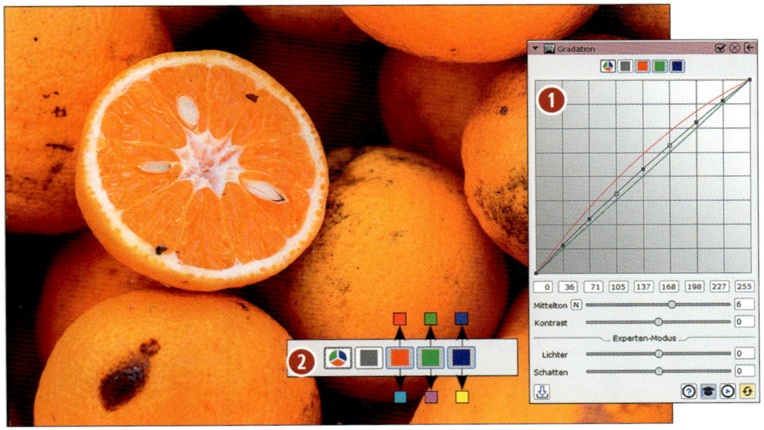

Kontrast und Farbe einstellen II

Individuelle Anpassungen mit der Gradationskurve werden nach Erweiterung in den Expertenmodus möglich. Einerseits passen Sie die Gesamthelligkeit per ① **Mittelton-Regler** an, separat davon aber auch die ② **Lichter** und ③ **Schatten**. Zur Kontraststeigerung hellen Sie die Lichter auf und dunkeln die Schatten ab. Dabei gilt: Je steiler der Kurvenverlauf, desto stärker wird der ④ **Kontrast**, den Sie aber auch über einen eigenen Regler einstellen können. Sollen einzelne Punkte nicht verändert werden, deaktivieren Sie sie durch Anklicken bei gedrückter Alt-Taste. Ziehen Sie einen Punkt bei gedrückter Strg-Taste, werden alle anderen Punkte der Kurve angepasst.

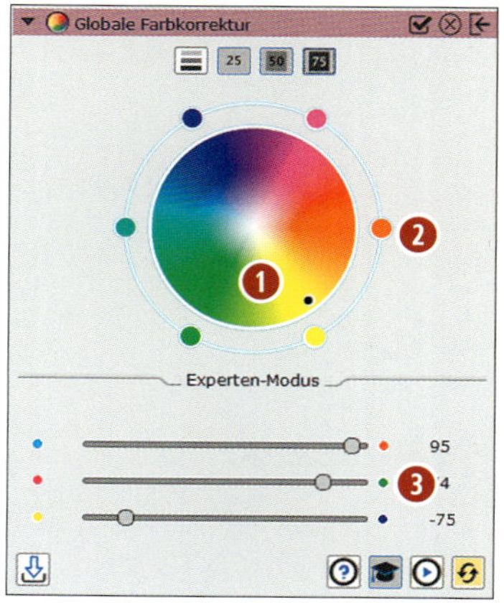

Farben global einstellen

Sind Schwarz- und Weißpunkt gesetzt und der Kontrast nach Wunsch eingestellt, lassen sich die Farben global und selektiv anpassen. Zur ① **globalen Farbanpassung** verschieben Sie den schwarzen Punkt im Mittelpunkt des Kreises in Richtung der gewünschten Farbverschiebung. Je weiter Sie den Punkt zur Peripherie des Kreises verschieben, desto stärker erhöhen Sie zugleich die Sättigung. Für kleinschrittige Anpassungen klicken Sie auf die kleinen ② **Farbkreise**. Im Expertenmodus werden Regler eingeblendet, die eine ③ **Farbtonverschiebung** (wie bei der Gradationskurve) auf den Achsen Rot, Cyan und Magenta, Grün und Blau und Gelb ermöglichen.

Farben selektiv einstellen

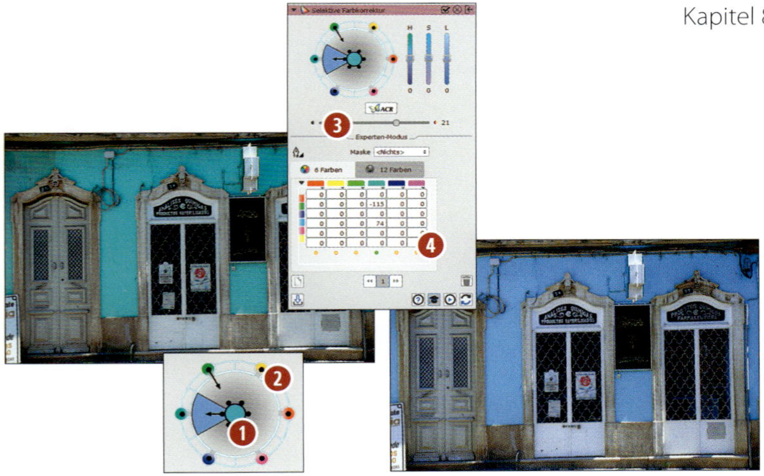

Beginnen Sie die selektive Farbkorrektur, indem Sie im Vorschau-bereich zur Auswahl eine Farbe anklicken. Die ① **ausgewählte Farbe** wird im Zentrum des Farbkreises angezeigt. Indem Sie die ② **Kontrollpunkte** ziehen, wird die ausgewählte Farbe verändert. Ziehen Sie die Kontrollpunkte aus dem Zentrum in Richtung auf ein Farbfeld, erhöhen Sie den Anteil dieser Farbe in der ausgewählten Farbe. Ziehen Sie den Kontrollpunkt auf die ausgewählte Farbe zu, verringern Sie deren Anteil. Den ③ **ACR-Regler** verschieben Sie, um die Sättigung zu kontrollieren. Im Expertenmodus steuern Sie diese intuitive Anpassung durch eine Werteeingabe in der ④ **Matrix** genauer.

Retusche per Clone-Tool

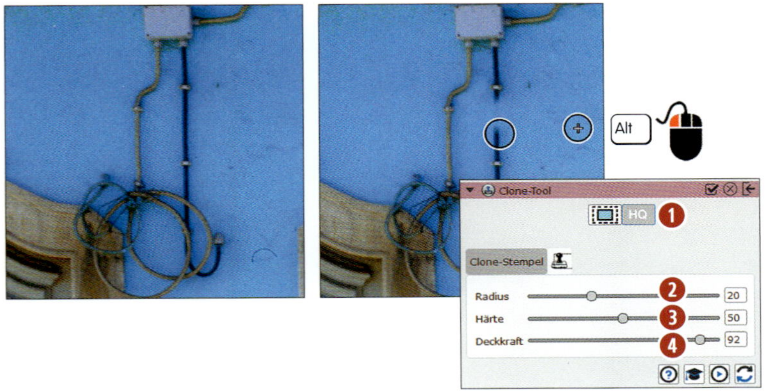

Gibt es im Bild Elemente, die Sie retuschieren möchten, ist das Clone-Tool, das Sie über die vertikale Werkzeugleiste aktivieren, ein geeignetes Werkzeug. Nachdem Sie in die ① **HQ-Ansicht** gewechselt sind, stellen Sie mit ② **Radius** den Pinseldurchmesser ein. Über ③ **Härte** steuern Sie den Übergangsbereich zwischen retuschiertem und nicht retuschiertem Bereich. ④ **Deckkraft** regelt, wie deckend die Retusche ausfällt. Klicken Sie bei gedrückter Alt-Taste auf den Bildbereich, der vom Clone-Tool auf den Zielbereich kopiert werden soll. Übermalen Sie den zu retuschierenden Bereich. Bei geringer Deckkraft werden Sie den Vorgang mehrfach wiederholen müssen.

Staub- und Kratzerentfernung mit iSRD

Die Staub- und Kratzerentfernung iSRD basiert auf den Informationen des Infrarotkanals. Die Aktivierung erfolgt über die vertikale Werkzeugleiste. Wechseln Sie zur Kontrolle der Retusche in die **HQ-Ansicht** und lassen Sie sich über **Modus → Defekte markiert** die erkannten Störungen anzeigen. Über **Defekt-Größe** und **Ausdehnung** verbessern Sie die Genauigkeit der Störungserkennung. Mit dem Wechsel zum ① **Automatikmodus** verfolgen Sie, wie die Defekte retuschiert werden. Durch das Erstellen einer ② **Maskierung** im Expertenmodus markieren Sie Bereiche, in denen die Korrektur erfolgen soll oder Sie schließen Bereiche von der Korrektur aus.

Staub- und Kratzerentfernung mit SRDx

Liegen keine Infrarotdaten zur Staub- und Kratzerentfernung vor, verwenden Sie alternativ **SRDx**. Zur besseren Identifikation von Störungen wählen Sie, nachdem Sie in den HQ-Modus gewechselt sind, ① **Defekte markiert** und bestimmen, ob ② **Dunkle** und **Helle Defekte** angezeigt werden sollen. Über ③ **Erkennung** und **Def.(ekt)-Größe** steuern Sie die Genauigkeit, der Staub und Kratzererkennung. Zur Präzisierung der Erkennung wechseln Sie in den Expertenmodus und überzeichnen mit dem ④ **Defekt-Markierer** Bereiche, in denen Fehler nicht erkannt worden sind. Mit dem ⑤ **Radiergummi** übermalen Sie Bereiche, in denen keine Korrektur erfolgen soll.

Unscharf maskieren (USM)

Anpassungen am Bildmaterial mindern mitunter etwas den Schärfeeindruck des Bildes. Die über die vertikale Werkzeugleiste verfügbare **Unscharfmaskierung (USM)** sorgt für eine Kantenschärfung und damit für einen besseren Schärfeeindruck. Eine Betrachtung der Korrekturen in der **HQ-Ansicht** ist hier unverzichtbar. Nutzen Sie eine der Voreinstellungen. ① **Auto-Schärfe** ist ein guter Kompromiss zwischen dem Herausarbeiten von Details und dem Verstärken von Rauschen und Lichtsäumen. Beide Probleme können leicht auftreten, wenn Sie ② **Stärke** und **Radius** zu stark angehoben haben und die Korrektur über **Schwellenwert** nicht stark genug ausfällt.

Keine Schärfung

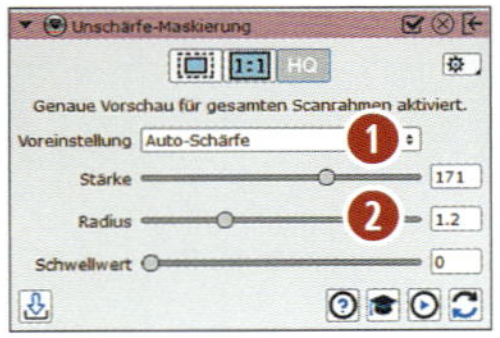

Überschärfung

Den Job starten

Die an einem Bild exemplarisch gemachten Entwicklungseinstellungen kopieren Sie nach Anklicken des ① **Kopiersymbols** auf alle oder ausgewählte Fotos im Bildstapel. Dazu öffnet sich ein Dialog, in dem Sie die von Ihnen gewünschten ② **Anpassungen auswählen**. Im Bilderstapel ③ **markieren** Sie dann noch die Bilder, die so wie gewünscht entwickelt werden sollen. Der Klick auf ④ **Anwenden auf ausgewählte** überträgt die Vorgaben auf die ausgewählten Fotos. Alternativ klicken Sie auf ⑤ **Anwenden auf alle**. Legen Sie nach Start der Stapelverarbeitung fest, in welchem ⑥ **Dateiformat** gespeichert wird, wie das **Dokument** heißen und wo es **gesichert** wird.

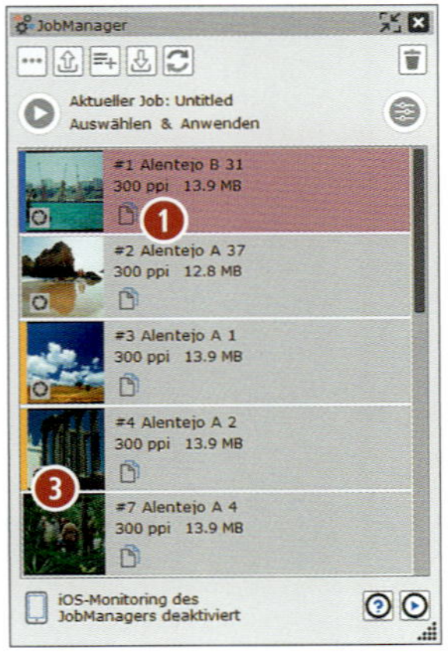

Bildsammlungen strukturieren

Digitale Bildarchive wachsen schnell. Da ist es notwendig, Ordnung und Struktur in den Bildbestand zu bringen. Das geht über eine Ordnerstruktur. Besser gelingt das allerdings über eine Bilddatenbank wie zum Beispiel Adobe Lightroom Classic.

Lightroom ist nicht die einzige Bilddatenbank. Mit ACDSee gibt es eine Alternative, die neben den Möglichkeiten zur Archivierung auch Funktionen zur Bildbearbeitung und zur ebenenbasierten, kreativen Gestaltung bietet. Professionelle Bildverwaltung verspricht auch das kostenlose digiKam. Und mit Excire Foto finden Sie gar ein Programm, das Ihnen das Verschlagworten Ihrer Bilder abnimmt.

Wir rücken in diesem Kapitel jedoch die Organisation und Strukturierung des Bildmaterials mit Lightroom in den Vordergrund, weil dieses Programm sehr verbreitet ist und weil sich an den Arbeitsschritten in der Lightroom-Bibliothek exemplarisch zeigen lässt, wie sich auch umfangreiche Archive dank Datenbanktechnologie gut verwalten lassen.

Aber wie integrieren sich Lightroom oder andere Digital Asset Management-Programme in den Scan- und Archivierungs-Workflow? Am Beginn der Arbeitskette steht natürlich das Digitalisieren der Fotos mit SilverFast Ai Studio. Die erste Optimierung nehmen Sie bereits hier vor oder führen sie, wie empfohlen, nachgelagert in SilverFast HDR Studio durch. Das betrifft vor allem die Staub- und Kratzerentfernung. Nur die SilverFast-Programme werten die Daten aus dem Infrarotkanal aus, wodurch Sie viel Zeit sparen, die Sie sonst zur manuellen Retusche mit Lightroom oder Photoshop aufbringen müssten. Die optimierten Bilder exportieren Sie mit SilverFast zum Beispiel als TIFF- oder JPEG-Dateien, bevor Sie sie in Lightroom importieren (Importieren Sie nicht die Bildoriginale in Lightroom. Der Infrarot-Kanal könnte dabei beschädigt werden).

In Lightroom führen Sie den Workflow fort, indem Sie zunächst die importierten Bilder sortieren, sichten, qualitativ bewerten und gegebenenfalls auch gruppieren. Dann werden die Metadaten der Fotos ergänzt. Sie vergeben Stichworte, die bei der Suche hilfreich sind und Sie strukturieren Ihren Datenbestand durch Sammlungen.

Fotos Importieren

Der Lightroom-Katalog speichert ausschließlich Stichworte, Metadaten, welcher Sammlung Sie ein Bild zugewiesen haben oder wie es im Moment entwickelt ist. Zusätzlich merkt sich der Katalog, wo Sie Ihre Fotos gespeichert haben und es wird eine Bildminiatur gespeichert, damit Sie das Bild sehen und Entwicklungsanpassungen begutachten können. Damit das funktioniert, wird beim Import ein Datensatz angelegt. Wählen Sie in der Bibliothek **Importieren** und fügen Sie dann bereits gespeicherte (1) **Fotos hinzu** oder (2) **verschieben** Sie neue Fotos physikalisch an den gewünschten (3) **Speicherort**, während zugleich ein Datensatz erstellt wird.

Fotos auswählen

Sind alle Fotos importiert, wählen Sie die Bilder aus, die Sie behalten und die Bilder, die Sie löschen möchten. Klicken Sie dazu das erste Bild an, das Sie unter **Aktueller Import** finden. Mit [E] wechseln Sie in die Lupenansicht. Mit [Strg] [F] und durch Drücken der [ ]-Taste blenden Sie vielleicht störende Bedienelemente aus, sodass Sie nur noch das Bild betrachten. Entscheiden Sie, ob Sie ein Foto behalten wollen oder ob es aus dem Katalog und von der Festplatte gelöscht werden soll. Wollen Sie das Foto behalten, markieren Sie es mit [P]. Ein Foto, das später gelöscht werden soll, markieren Sie mit [X]. [U] hebt zuvor getroffene Markierungen wieder auf.

Bilder sinnvoll bewerten

Die Bewertung der Bildqualität ist eine wertvolle Orientierung, was die nachfolgende Bildbearbeitung angeht. Gute Bilder, die gegebenenfalls zeitaufwendig bearbeitet werden, bekommen eine hohe Bewertung mit zum Beispiel drei Sternen. Fotos, bei denen eine Einzelbearbeitung im Entwickeln-Modul genügen wird, werden mit zwei Sternen bewertet. Bilder, deren Qualität genügt, bei denen jedoch eine automatisierte Bearbeitung im Stapelverfahren genügt, bekommen einen Stern. Wählen Sie diese Bilder in der Bibliothek aus und entwickeln Sie sie gleich in der Bibliothek über das Bedienfeld **Ad-hoc-Entwicklung** zum Beispiel mit Klick auf **Automatisch**.

Bewertung	Tastatur	Typische Arbeiten
*	1	Globale Entwicklung. Stapelverarbeitung. Kopieren von Anpassungen
**	2	Objektivkorrekturen. Transformieren. Globale Entwicklung. Retusche
***	3	Globale Entwicklung. Selektive Entwicklung. Retusche
****	4	Entwicklung. Selektive Entwicklung. Retusche. Entwicklung per Plugin.
*****	5	Bilder von großem Erinnerungswert. Entwicklung wie ****
0	0	Noch zu bewerten

Gruppieren und Farbmarkierungen

Mit Strg G lassen sich (1) **Bilder gruppieren**. Das Verfahren, das zu vergleichen ist, mit dem auf einen Stapel legen von Bildern, ist hilfreich, wenn Fotos mit bestimmten Motiven herausgesucht werden, wenn Bilder markiert werden, die vielleicht später in einem Buch veröffentlicht werden sollen oder wenn Bilder gekennzeichnet werden, die zu einer Serien gehören. Auch (2) **Farbmarkierungen** helfen, das Bildmaterial zu strukturieren. So weisen Sie mit den Tasten 6, 7, 8 und 9 Farbmarkierungen zu, die vielleicht all die Fotos kennzeichnen, die bestimmte Personen zeigen. Bewertungen und Farbmarkierungen nutzen Sie zum (3) **Sortieren** und Suchen von Fotos.

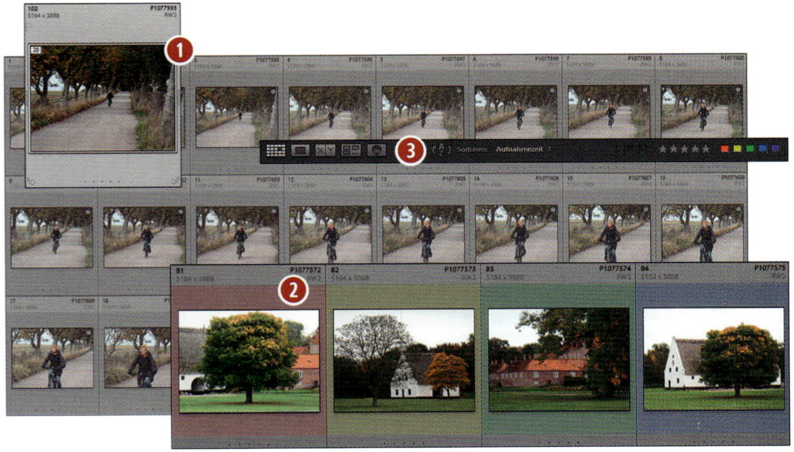

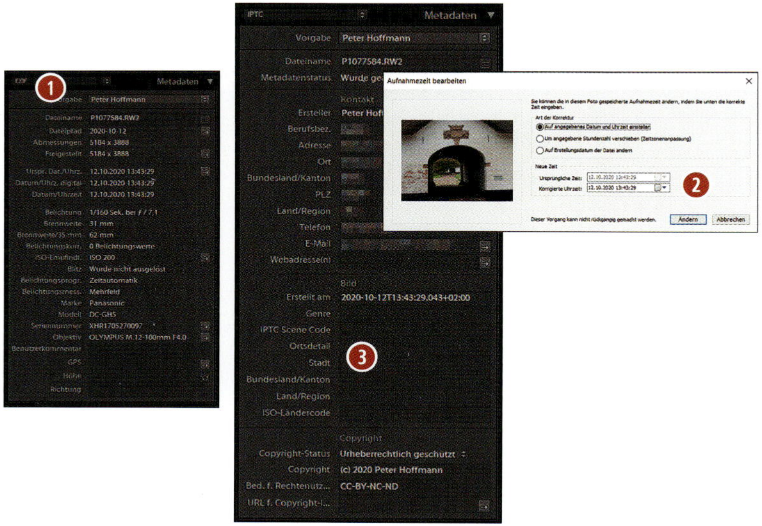

Metadaten zuweisen und editieren

Exif-Metadaten, Textinformationen zum Bild, werden beim Scannen oder beim Fotografieren automatisch zugewiesen. IPTC-Daten weisen Sie manuell zu. Metadaten dienen wie die Bewertungs- oder Farbmarkierungs-Attribute dazu, Fotos in großen Bildbeständen über die **Bibliotheksfilter** zu finden. (1) **Exif-Daten** lassen sich nicht editieren, Sie können aber über **Metadaten** die (2) **Aufnahmezeit anpassen**. Zudem ist es möglich, fehlende GPS-Koordinaten über das Karten-Modul zuzuweisen. Das Ausfüllen der IPTC-Metadaten dient in den meisten Fällen dazu, Daten des Fotografen einzugeben. (3) **Geo-Informationen** werden über Karten automatisiert ausgefüllt.

Stichworte manuell ergänzen

Nicht standardisierte Informationen geben Sie kommagetrennt über (1) **Stichwörter festlegen** ein. Das geschieht, nachdem Sie zuvor das Foto oder gleich eine Gruppe von Fotos ausgewählt haben. Achten Sie bei Ihren Stichworten darauf, diese korrekt einzugeben. Bei Personen empfiehlt es sich, Haus- und Vornamen einzugeben. Gerade bei einer wissenschaftlichen Dokumentation lohnt es, im Internet nach einer Taxonomie zu suchen. Die Liste im TXT-Format pflegen Sie über **Metadaten → Stichwörter importieren** ein. Bereits einmal genutzte Stichwörter weisen Sie zu, indem Sie markierte Bilder auf das Stichwort in der (2) **Stichwortliste** ziehen.

Personen erkennen

Personen erkennt Lightroom auf Fotos automatisch. Wechseln Sie mit [O] in die Personenerkennung. Zunächst wird der Bereich ① **Benannte Personen** leer sein. Erst mit Eingabe eines Namens in ein ② **Bildfeld** im Bereich ③ **Unbenannte Personen** werden diese Informationen als Stichwort übernommen und in die Liste **Erkannte Personen** übernommen. Bei Personen, die wiederholt erkannt werden, schlägt Lightroom eine Benennung vor, die Sie übernehmen, indem Sie auf das Bild zeigen und das ✓ anklicken oder den Vorschlag mit ⊘ ablehnen. Geben Sie bei Personen möglichst Haus- und Vornamen, nicht aber den Spitznamen ein.

Fotos korrekt verorten

GPS-Koordinaten helfen, den Aufnahmeort zu bestimmen. Bei gescannten Fotos fehlen diese Daten immer, bei Kameraaufnahmen hängt es davon ab, ob diese ein GPS-Modul besitzt. Über das Karten-Modul ergänzen Sie die Metadaten mit den Ortsdaten. Wählen Sie die Fotos dazu aus und wechseln Sie in das Kartenmodul. Geben Sie den ① **Aufnahmeort** ein. Sobald der Ort in der Kartenvorschau angezeigt wird, vergrößern Sie den Kartenausschnitt bis zur erforderlichen Präzisionsstufe. Ziehen Sie die Fotos aus dem ② **Filmstreifen** auf den ③ **Aufnahmeort**. Die ④ **Geodaten** werden zugleich in den Exif- und IPTC-Daten ergänzt.

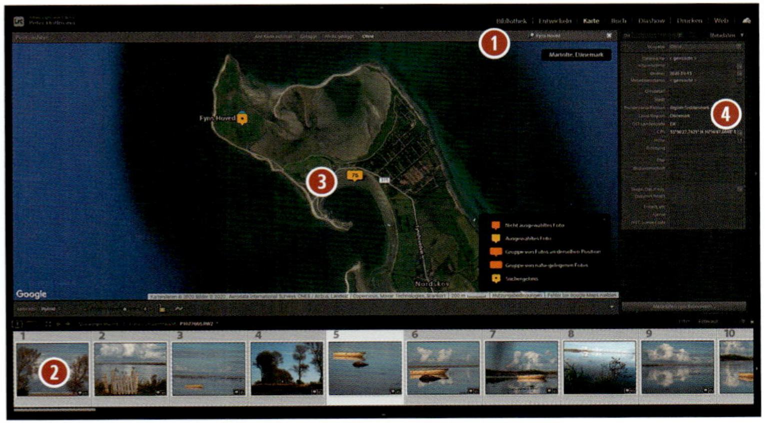

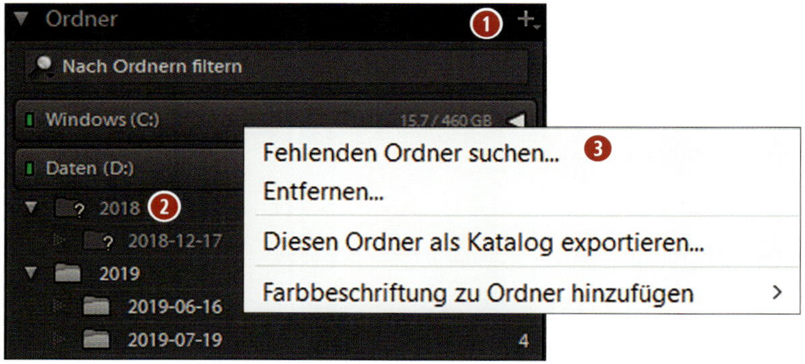

Erklärt: Ordner

Dem Datenbankprinzip geschuldet ist die Tatsache, dass Sie im Bedienfeld **Ordner** ausschließlich die Laufwerke und Ordner sehen, die bereits einmal in Lightroom genutzt wurden, in die also Bilder importiert worden sind. Dennoch haben Sie über das Bedienfeld alle wichtigen Möglichkeiten zur Dateiverwaltung. Über das ① **Plus-Zeichen** erstellen Sie jederzeit neue Ordner, um Ihre physikalische Dateiorganisation zu optimieren. Zum Umbenennen von Ordnern verwenden Sie das Kontextmenü. Verschieben lassen sich Ordner per Drag & Drop. Sollte ein ② **Ordner nicht gefunden** werden, aktualisieren Sie die ③ **Verknüpfung** ebenfalls über die rechte Maustaste.

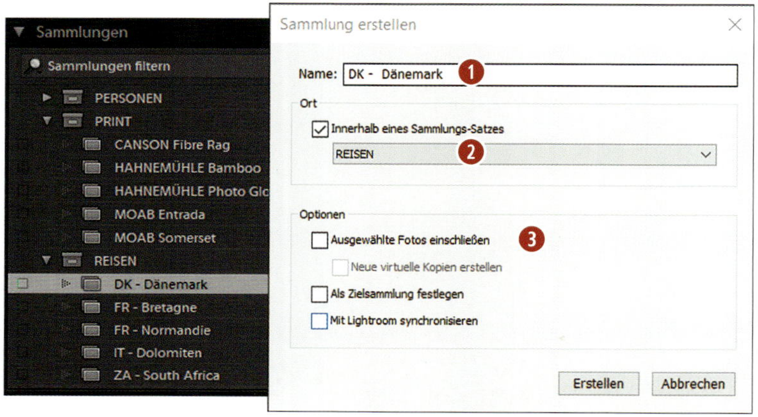

Sammlungen I

Fotos sind in Ordnern physikalisch abgelegt. Sammlungen organisieren das Bildmaterial virtuell. Ein Bild, das einmal physikalisch gespeichert ist, kann beliebig vielen Sammlungen zugewiesen werden, ohne dass dabei nennenswert Speicherplatz verbraucht wird. Es wird nur ein Datensatz erzeugt. Für eine neue Sammlung klicken Sie auf das Plus-Zeichen und wählen **Sammlung erstellen**. Vergeben Sie einen ① **Namen** und weisen Sie die Sammlung – soweit möglich – einem ② **Sammlungssatz** zu. Die Medien weisen Sie ③ **direkt** beim Erstellen der Sammlung zu oder ziehen Sie zu jedem Zeitpunkt per Drag & Drop in die Sammlung.

Sammlungen II

Smart-Sammlungen, die Sie wie Sammlungen erstellen, nutzen ① **Stichwörter**, ② **Attribute** und ③ **Metadaten**, um Fotos automatisch zusammenzustellen. Im Dialog legen Sie einen ④ **Namen** fest, definieren, ob die Sammlung Teil eines ⑤ **Sammlungssatzes** werden soll und wählen den ⑥ **Vergleichsoperator**. Weiterhin legen Sie fest, welche ⑦ **Regeln** erfüllt werden müssen, damit das Bild Teil der Sammlung wird. Damit Sie bei vielen Sammlungen den Überblick behalten, verwenden Sie Sammlungssätze. Diese auf dem gleichen Weg wie alle Sammlungen angelegten Sammlungssätze gruppieren Sammlungen und Smart-Sammlungen hierarchisch.

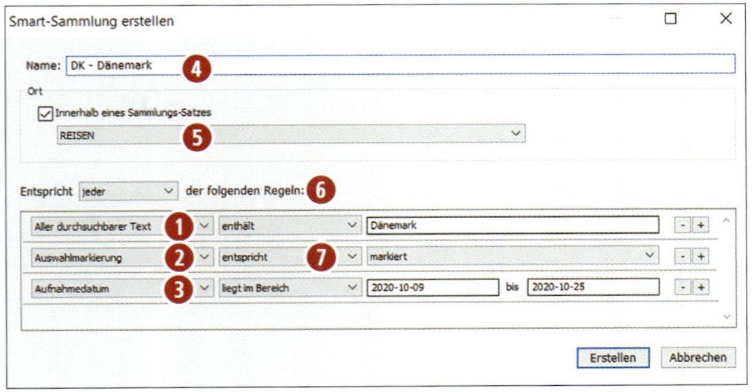

Nach Bildern suchen

Die **Bibliotheksfilter** (⌨) sind die effizienteste Möglichkeit, Fotos im Bildbestand zu suchen und herauszufiltern. Wählen Sie, ob nach ① **Text**, ② **Attributen** oder ③ **Metadaten** gesucht werden soll. Tragen Sie Ihren Suchtext ein, wählen Sie ein Attribut aus oder wählen Sie einen Listeneintrag der Metadaten. Das Metadatensuchfeld passen Sie Ihren eigenen Bedürfnissen an, indem Sie auf den Spaltenkopf klicken und aus der daraufhin angezeigten ④ **Liste** den Sucheintrag wählen, den Sie benötigen. Benötigen Sie weitere Suchfilter, klicken Sie auf das ⑤ **Icon** am rechten Rand des Spaltenkopfes und fügen eine neue Filterspalte hinzu.

Fotos professionell drucken

Der großformatige Ausdruck ist die wahrscheinlich schönste Form, eigene Fotos zu zeigen und mit anderen zu teilen. Wie Sie Ihre Fotos mit Lightroom optimal drucken, steht im Zentrum dieses Kapitels. Doch auch auf das Drucken mit PrinTao werfen wir einen Blick.

Der gelungene Ausdruck beginnt mit dem Farbmanagement. Nur an einem kalibrierten Monitor können Sie die Auswirkungen Ihrer Korrekturen und Anpassungen adäquat verfolgen. Wenn Sie dann zusätzlich noch ein auf Ihre Drucker-, Tinte- und Papierkombination abgestimmtes ICC-Profil nutzen können, sind Sie für den Druck bestens präpariert.

In vielen Fällen werden Sie jedoch angesichts relativ hoher Kosten für die Anschaffung eines geeigneten Messgerätes und angesichts des aufwendigen Messprozesses eher auf ein generisches ICC-Profil zurückgreifen, das Ihnen durch den Papierhersteller kostenlos bereitgestellt wird.

Wichtig ist dann, dass Sie bei der Druckvorbereitung das Farbmanagement durch den Drucker deaktivieren und damit unterbinden, dass die notwendige Farbumrechnung von den RGB-Bildfarben durch den Drucker vorgenommen wird. Stattdessen binden Sie in Lightroom das ICC-Profil des Papieranbieters ein

Mit dem von SilverFast nur für den Mac angebotenen PrinTao erledigen Sie diese Arbeiten mühelos und vor allem sorgt das Programm mit seinem eingebauten Farbmanagement dafür, dass Sie keinen Schritt vergessen, der für den perfekten Druck erforderlich ist. Sie teilen dem Programm nur mit, mit welchem Drucker sie drucken, welches Papier Sie verwenden, wie das Papier vom Drucker eingezogen wird, welches Format Sie nutzen und in welcher Qualität das Foto gedruckt werden soll. Schon sind alle Druckparameter gesetzt und im Hintergrund hat PrinTao auch gleich nach dem passenden aktuellen ICC-Profil gesucht. Jetzt platzieren Sie Ihr Foto noch auf der Seite und drucken. Dabei können Sie wählen, ob nur ein Foto je Blatt gedruckt wird oder gleich mehrere. Diese werden dann ökonomisch auf der Seite verteilt. Selbst wenn Sie Leinen bedrucken und Bildbereiche auf dem Rand spiegeln wollen, unterstützt Sie PrinTao bei dieser Aufgabe.

Bilder für den Druck sammeln

Die Druckkosten steigen, wenn Sie zwischen den Ausdrucken die Schwarztinten wechseln müssen. Aus diesem Grund ist es sinnvoll, die Ausdrucke vorab zu sortieren. Legen Sie dazu in Lightroom einen ① **Sammlungssatz** an, innerhalb dessen Sie dann weitere ② **Sammlungen** für jede von Ihnen genutzte Papiersorte anlegen. Zum Anlegen des Sammlungssatzes klicken Sie auf das ③ **+-Zeichen** im Bedienfeld **Sammlungen** und vergeben einen Namen (zum Beispiel PRINT). Diesen Arbeitsschritt wiederholen Sie, bis es für jedes genutzte Papier eine Sammlung innerhalb des Sammlungssatzes gibt. Per Drag & Drop ziehen Sie die Fotos in die Sammlung.

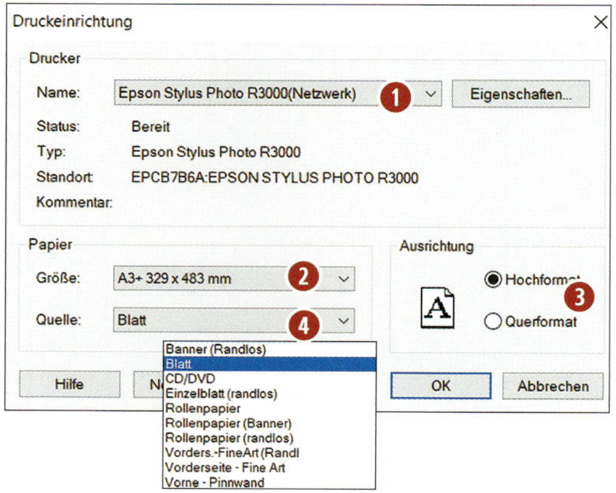

Druckereinrichtung mit Lightroom I

Wählen Sie ein Foto aus, das Sie drucken möchten oder wählen Sie die Sammlung aus, in der Sie Bilder für den Druck gesammelt haben. Wechseln Sie zum Beispiel über [Strg] [Alt] [6] in das Drucken-Modul. Klicken Sie **Seite einrichten** im linken Bedienfeld und wählen Sie im Dialog Ihren ① **Drucker** aus. Legen Sie unter ② **Papier** die **Papiergröße** fest und entscheiden Sie sich für eine ③ **hoch- oder querformatige Ausrichtung**. Falls notwendig, wählen Sie noch unter ④ **Quelle**, wie das Papier zugeführt wird. Dieser Arbeitsschritt ist dann erforderlich, wenn Sie zum Beispiel kartonstarkes, großformatiges Papier zuführen oder auf Rollenpapier drucken.

Druckereinrichtung mit Lightroom II

Wählen Sie **Eigenschaften** im Druckeinrichtung-Dialog. Beim Epson Stylus Photo R3000 legen Sie die Druckparameter unter **Medieneinstellungen** im Register **Haupteinstellungen** fest (bei Canon-Drucker finden Sie die Einstellungen unter den **Papiereinstellungen**). Wählen Sie zwischen **Fotoschwarz** und **Mattschwarz** als ① **Tinte** und entscheiden Sie sich für eines der unter ② **Medium** angebotenen Papiere. Gedruckt wird in ③ **Farbe**, wenn Sie nicht die epsoneigene Software zur Aufbereitung von Schwarz-Weiß-Drucken verwenden. Passend für das von Ihnen gewählte Papier, treffen Sie unter ④ **Qualität** die entsprechenden Einstellungen.

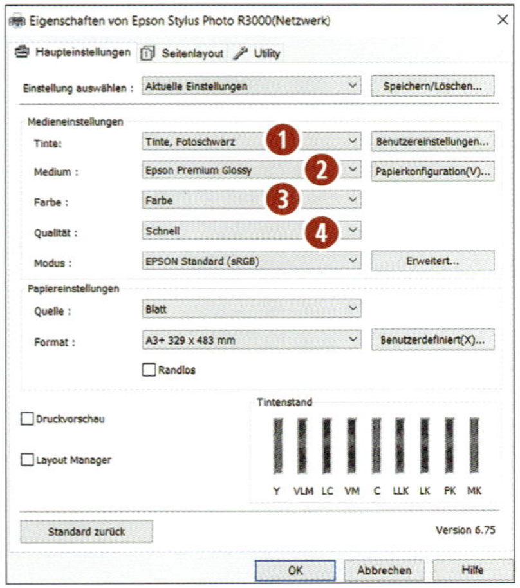

Druckereinrichtung mit Lightroom III

Bei der Papierauswahl werden Ihnen nur die Papiere angeboten, die der Druckerhersteller selbst vertreibt. Verwenden Sie Papiere anderer Anbieter, finden Sie auf deren Webseite meist Hinweise darauf, wie die Parameter des Druckdialogs einzustellen sind. Zumeist finden Sie hier auch die ① **ICC-Profile**, die für die Kombination aus Papier, Standardtinte des Druckerherstellers und Drucker passend sind. (Verwenden Sie andere Tinten, sollten Sie zu einem selbst erstellten Profil greifen.) Zur Auswahl des passenden Druckerprofils und zum Download der Druckinformationen wählen Sie den ② **Druckeranbieter** und den von Ihnen genutzten **Drucker**.

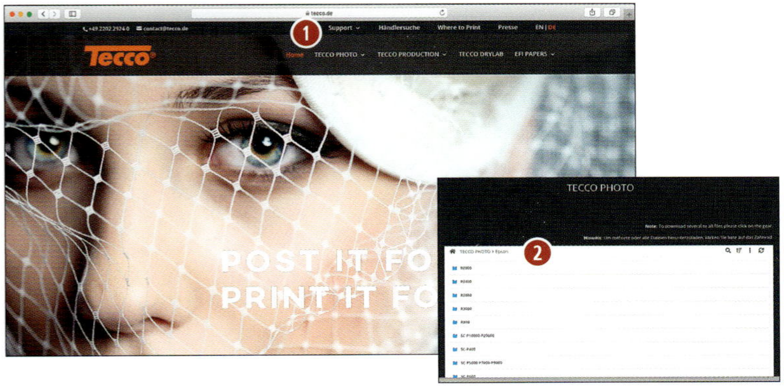

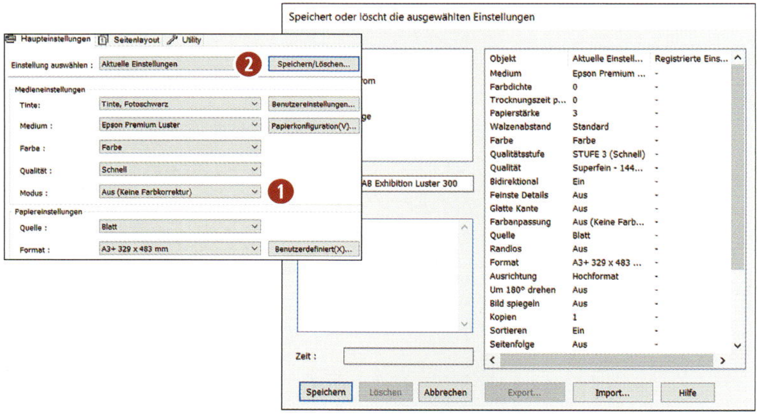

Farbmanagement durch den Drucker

RGB-Drucker wie der Epson integrieren ein Farbmanagement. Das heißt, die Firmware des Druckers versucht die Farben Ihres Bildes auf das Druckmedium abzubilden. Sofern Sie ein generisches oder ein selbst erstelltes ICC-Profil verwenden, deaktivieren Sie diese Funktion im Druckertreiber, um ein doppeltes Farbmanagement zu verhindern. Wählen Sie dazu statt des voreingestellten **EPSON Standard (sRGB)-Modus** die Option (1) **Aus (keine Farbkorrektur)**, wodurch es notwendig wird, das Farbmanagement durch Lightroom durchführen zu lassen. Die Druckereinstellungen speichern Sie als (2) **Preset** für die wiederholte Verwendung ab.

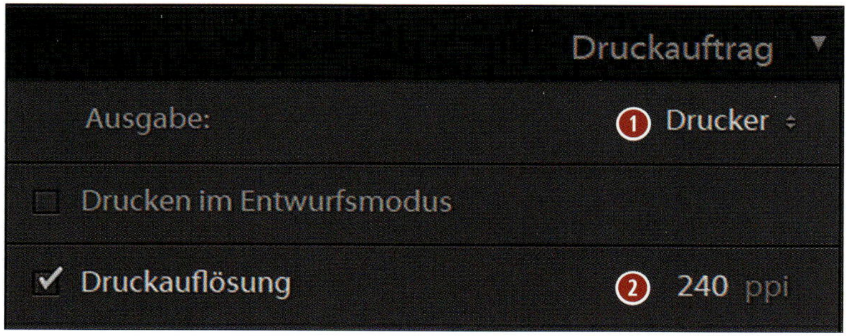

Druckauftrag für Lightroom I

Über das Bedienfeld **Druckauftrag** bereiten Sie die Druckausgabe in Lightroom vor. Wählen Sie hier, dass die Ausgabe über den (1) **Drucker** erfolgt. Die Auflösung mit 240 ppi wird in den meisten Fällen zu einem guten Druckergebnis führen. Welche (2) **Druckauflösung** für Ihren Drucker genau passend ist, lesen Sie im Handbuch. Bei Epson-Druckern liegt die geräteeigene Druckauflösung bei 360 ppi, bei Canon und HP zumeist bei 300 ppi. Drucken Sie mit der von Lightroom vorgeschlagenen Auflösung von 240 ppi oder verringern Sie die Druckerauflösung auf 180 ppi (Epson) oder 150 ppi (Canon und HP), lassen sich größere Ausdrucke erzielen.

Druckauftrag für Lightroom II

Genügt die mit SilverFast beim Scannen oder in der Nachbearbeitung mit HDR Studio durchgeführte Schärfung oder auch die Schärfung, die Sie mit Lightroom im Entwickeln-Modul vorgenommen haben Ihren Vorstellungen, deaktivieren Sie ① **Ausdruck schärfen** im Druckauftrag-Dialog. Ist das Bild noch nicht geschärft worden oder genügt Ihnen die Schärfung nicht, wählen Sie den ② **Medientyp**, auf dem Sie drucken. Der Medientyp **Matt** schließt Aquarellpapier, Leinwand und andere matte Papierarten ein. Glanz-, Halbglanz- und Fotopapiere sind dem Medientyp **Glanz** zugeordnet. Stellen Sie den für das Foto geeigneten und gewünschten Schärfungsgrad ein.

Druckauftrag für Lightroom III

Das Farbmanagement übergeben Sie Lightroom, indem Sie unter Farbmanagement die Profil-Vorgabe ① **Vom Drucker verwaltet** durch das von Ihnen gewünschte ICC-Profil ersetzen. Sollte Ihnen in der Auswahlliste kein ICC-Profil angezeigt werden, klicken Sie auf ② **Andere**. Im Dialog sehen Sie alle auf Ihrem Rechner verfügbaren Profile. Nutzen Sie die ③ **Checkbox** vor dem Listeneintrag, um die Profile in die Lightroom-Auswahl zu übernehmen. Die Wahl des Rendering Intents, ④ **Perzeptiv** und **Relativ** stehen zur Wahl, hängt vom verwendeten Papier ab. Schauen Sie hier in den Unterlagen des Papierherstellers nach oder entscheiden Sie motivabhängig.

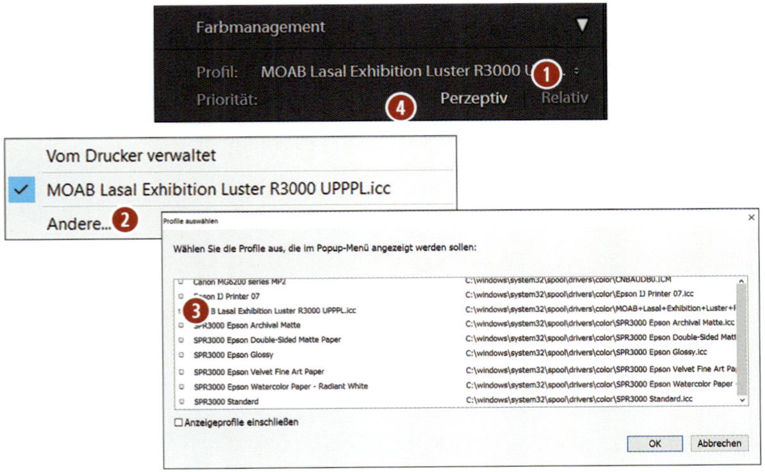

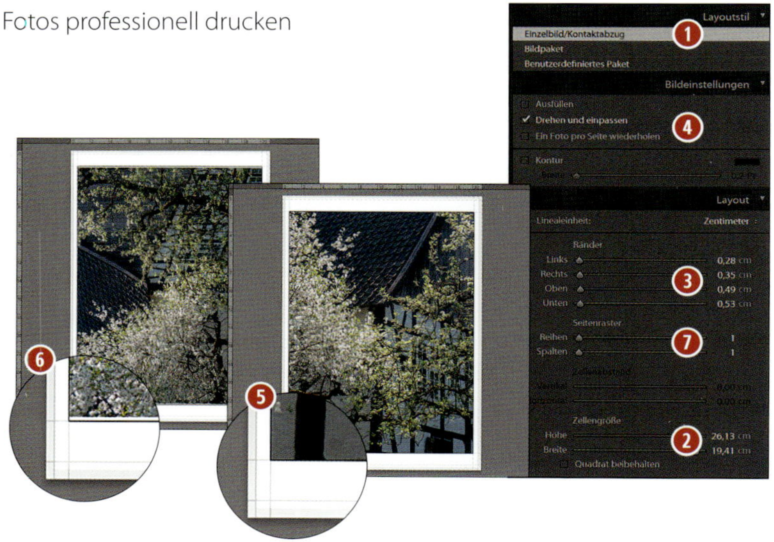

Druckgestaltung mit Lightroom

Nutzen Sie eine Vorgabe aus dem Vorlagenbrowser, müssen Sie nur das oder die Bilder in die Zellen der Druckvorlage ziehen. Für die manuelle Druckgestaltung wählen Sie ein Bild aus und wählen den **Layoutstil** ① **Einzelbild/ Kontaktabzug**. Über **Layout** legen Sie ② **Höhe** und **Breite** der **Zellengröße** fest und bestimmen über ③ **Ränder** den Abstand der Zelle zu den Seitenrändern. Weichen Rahmengröße und Bildgröße voneinander ab, besteht die Möglichkeit, über ④ **Bildeinstellungen** → ⑤ **Ausfüllen** oder ⑥ **Drehen und einpassen** die Layoutzelle zu füllen. Fügen Sie über **Layout** ⑦ **Reihen** und **Spalten** hinzu, passen mehrere Fotos auf den Druckbogen.

Softproof mit Lightroom

Der Softproof, den Sie mit einem kalibrierten Monitor durchführen sollten, erspart Ihnen Probedrucke. Wechseln Sie, bevor Sie den Ausdruck mit **Drucken** starten, in das Entwickeln-Modul. In der Werkzeugleiste aktivieren Sie ① **Softproof**, bevor Sie unterhalb des Histogramms **Proof-Kopie erstellen** wählen. In den ② **Proof-Einstellungen** wählen Sie das auch für den Druck gewählte **Profil** und die dort eingestellte **Priorität**. Sie sehen, wenn ③ **Papier und Druckfarben simulieren aktiviert** ist, das Bild so, wie es beim späteren Ausdruck zu erwarten ist und haben die Möglichkeit, mit den Entwicklungswerkzeugen Lightrooms das Druckergebnis zu optimieren.

Druckvorbereitung mit PrinTao

Nach Programmstart wählen Sie im Start-Piloten Ihren ① **Drucker** aus und bestimmen, auf welchem ② **Papier** gedruckt werden soll. Fehlende Medien und damit fehlende ICC-Profile ergänzen Sie mit ③ **Druckmedium hinzufügen**. Festzulegen ist weiterhin, in welcher ④ **Qualität** der Ausdruck erfolgen soll. Für den Fine-Art-Druck werden Sie meist **Hoch** wählen und gegebenenfalls ⑤ **Mit feinsten Details drucken** zusätzlich aktivieren. Legen Sie daraufhin noch die ⑥ **Quelle** fest. Bestimmen Sie damit, wie das Papier eingezogen werden soll. Mit ⑦ **Format** schließen Sie die Druckvorbereitung ab und wechseln mit ⑧ **Erstellen** in das Hauptfenster.

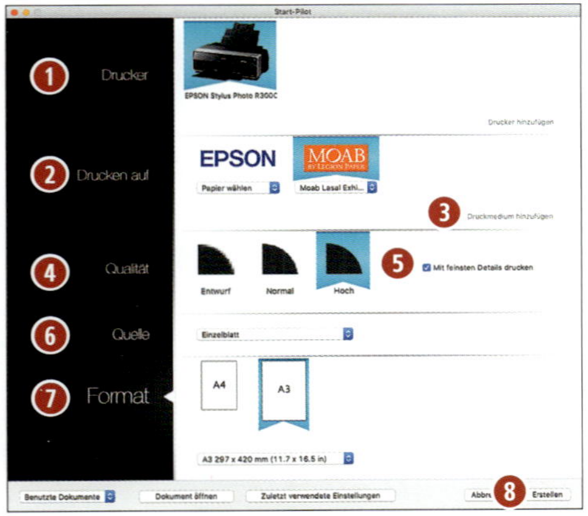

Druckgestaltung mit PrinTao

Ziehen Sie das Bild aus der ① **Mediathek** in den Vorschaubereich. Zur genauen Platzierung des Bildes auf der Vorschau ziehen Sie das Bild oder legen Position und Größe des Bildes über ② **Zelleigenschaften** fest. Die ③ **Bildeigenschaften** bieten mit dem ④ **Auflösungsregler** ein wichtiges Kontrollwerkzeug. Ist der Regler im grünen Bereich der Skala, können Sie sicher sein, dass die Auflösung ausreichend ist und das es keine Artefakte gibt, weil das Bild verkleinert (gelber Bereich) oder über Gebühr vergrößert worden ist (roter Bereich). Das Werkzeug wird auch in der Vorschau angezeigt. Nach einem letzten Blick auf die **Druckparameter** starten Sie mit ⑤ **Drucken**.

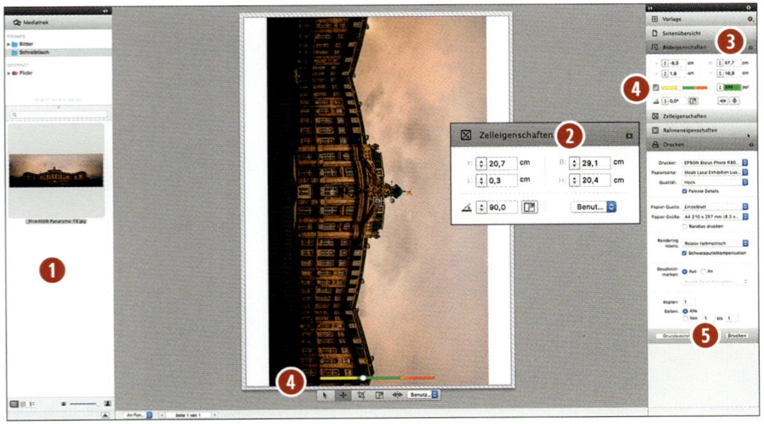

SanDisk
Samsung SSD
840 EVO
250GB
SAMSUNG
Seagate
Recertified Product
Barracuda
3000GB
www.seagate.com

Back-up und Datensicherung

Das Digitalisieren und Bearbeiten von Bildern ist ein zeitaufwendiger Prozess. Bedauerlich, wenn diese Arbeit verloren geht, weil kein Back-up gemacht worden ist. In diesem Kapitel zeigen wir Ihnen, wie Sie Ihre Fotos und Ihren Bildkatalog vor Verlust schützen.

Wer seine Fotos oder andere Dokumente mit großem Zeitaufwand digitalisiert, sollte mit der gleichen Sorgfalt darauf achten, dass die digitalen Medien auch zu einem späteren Zeitpunkt jederzeit genutzt werden können und das selbst der Ausfall eines Speichermediums nicht zum Datenverlust führt.

Eine Überlegung, die Sie dazu anstellen sollten, ist, in welchem Dateiformat Sie Ihre Fotos archivieren. Sinnvoll ist es, die Daten beim Scannen im Rohdatenformat zu speichern, weil so unter SilverFast HDR Studio zur Staub- und Kratzerentfernung die Information des Infrarotkanals genutzt werden können. Sie sollten also diese Dateien behalten und archivieren. Zusätzlich scheint es mir aber auch wichtig, eine Bildversion zu archivieren, die auf allen Rechnerplattformen und ohne SilverFast HDR Studio genutzt werden kann. Die größte Kompatibilität haben Sie, wenn Sie eine entwickelte Version im JPEG- oder TIFF-Format speichern. Die durch Datenkompression kleine JPEG-Datei eignet sich insbesondere dann, wenn Sie die Bilder auf elektronischem Weg verschicken wollen, wenn Sie Ihr Bildmaterial in Audiovisionen oder im Internet präsentieren. Vorteil der größeren TIFF-Dateien ist, dass diese Dateien eine Farbtiefe von 16 Bit haben, was bei Bearbeitungen die Wahrscheinlichkeit von Artefakten verringert. Darüber hinaus sind TIFF-Dateien auch im professionellen Desktop Publishing seit Jahrzehnten etabliert. Bei beiden Dateitypen können Sie sicher sein, dass sie auch in vielen Jahren noch auf allen Plattformen gelesen werden können.

Ein weiterer wichtiger Aspekt der Datensicherung ist das regelmäßige Erstellen von Back-ups. Wir werden uns das Vorgehen auf den folgenden Seiten näher ansehen und schauen, was wir mit einem Tool wie Lightroom beachten und machen müssen, um unsere Medien zu sichern. Doch Lightroom allein genügt nicht. Sicherungsprogramme wie FreeFileSync oder GoodSync sind da unverzichtbar.

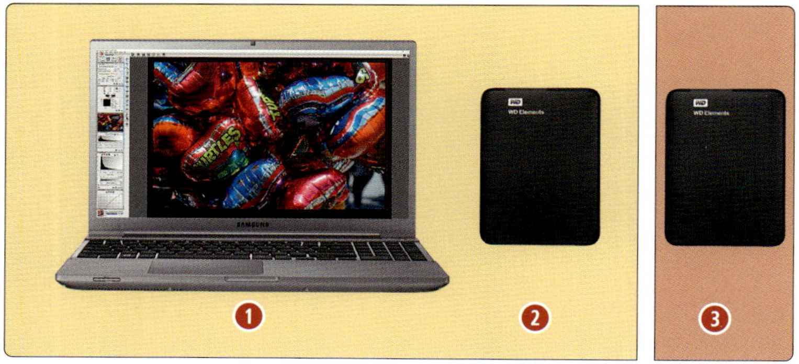

Drei

Grundidee einer Datensicherung ist, dass jedes Dokument so gesichert ist, dass es zum Beispiel bei einem Festplattencrash jederzeit wiederhergestellt werden kann und Sie nahezu unterbrechungsfrei arbeiten können. Das heißt, Sie benötigen neben der ① **Online-Kopie** oder **Arbeitskopie**, mit der Sie arbeiten und die sich zum Beispiel auf Ihrem Rechner befindet, eine zweite ② **Offline-Kopie**, die sich auf einem schnell anschließbaren Datenträger, typischerweise einer externen Festplatte befindet. Diese zwei lokalen Kopien ergänzen Sie durch eine dritte Kopie, die ③ **Offhouse-Kopie**. Diese Kopie, auf einem NAS oder in der Cloud, befindet sich außer Haus.

Zwei

Verwenden Sie zur Datensicherung zwei unterschiedliche Medien. In der Regel wird sich die Arbeitskopie auf der im Rechner verbauten Festplatte befinden. War vor Jahren noch die Sicherung der Offline-Kopie auf DVDs üblich, sollten Sie heute dazu eine externe Festplatte verwenden, die Sie jederzeit über USB anschließen können. Ist im Rechner eine SSD verbaut, die – vor allem beim Blick auf das Arbeiten mit Fotos – wenig Speicherplatz bietet, kann natürlich schon die Arbeitskopie auf einer externen Festplatte gespeichert sein. Das schafft Ihnen zudem die Flexibilität, mit der Festplatte jederzeit an einem anderen Rechner arbeiten zu können.

Eins

Die Idee der On- und Offline-Kopie Ihrer Daten ist, dass Sie jederzeit auf die Offline-Kopie Ihrer Daten zugreifen können, sollte die Online-Kopie nicht verfügbar sein. Dazu müssen Sie die Datenträger jedoch jederzeit nehmen und am Rechner anschließen können. Darum ergänzen Sie diese zwei lokalen Kopien durch eine dritte Kopie, die **Offhouse-Kopie**. Diese Kopie befindet sich außer Haus. Sollten Ihre lokalen Sicherungskopien durch einen Brand, einen Wasserschaden, durch Vandalismus oder Diebstahl zeitgleich nicht verfügbar sein, können Sie immer noch auf die dritte Kopie zugreifen, die sich nicht lokal bei Ihnen befindet.

Festplatten und Medienserver

Zur Datensicherung werden meist externe Festplatten verwendet. Sie fassen große Datenmengen, lassen sich leicht transportieren und unkompliziert per USB an jeden Rechner anschließen. Etwas mehr Komfort bieten kleine ① **Medienserver**. In diese Geräte werden gleich mehrere Festplatten eingebaut. Wichtiger aber ist, dass die im Gerät genutzten Platten für ein automatisches Back-up genutzt werden können. Werden Informationen auf eine Festplatte geschrieben, werden diese automatisch auf die Back-up-Platte gespiegelt. Darüber hinaus können Medienserver per Internet angesprochen und ferngesteuert oder im WLAN genutzt werden.

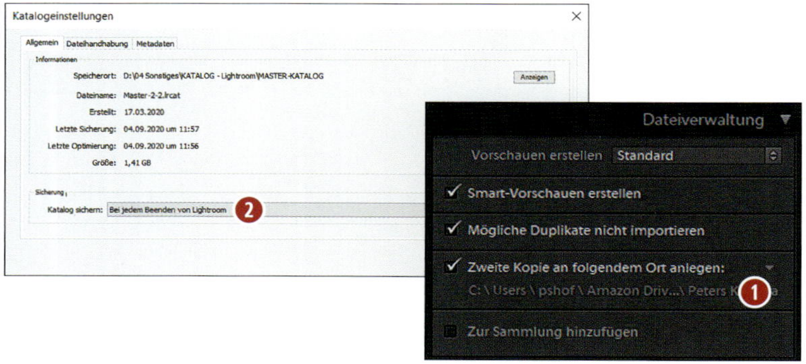

Datensicherung mit Lightroom

Die Datensicherung mit Lightroom kann bereits beim Import beginnen. Importieren Sie Fotos in den Katalog, aktivieren Sie unter **Dateiverwaltung** ① **Zweite Kopie an folgendem Ort anlegen**. Nachteil dieses Verfahrens ist, dass Sie auch die Fotos sichern, die Sie eventuell später wieder löschen. Empfehlenswert ist, zu einem späteren Zeitpunkt nur die Medien zu sichern, die durch den Katalog verwaltet werden. Um diesen zu sichern, aktivieren Sie im Register **Allgemein** in den **Katalogeinstellungen** unter Sicherung eine ② **regelmäßige Sicherung**, die zur Intensität passt, mit der Sie Lightroom nutzen und neue Fotos in den Katalog importieren.

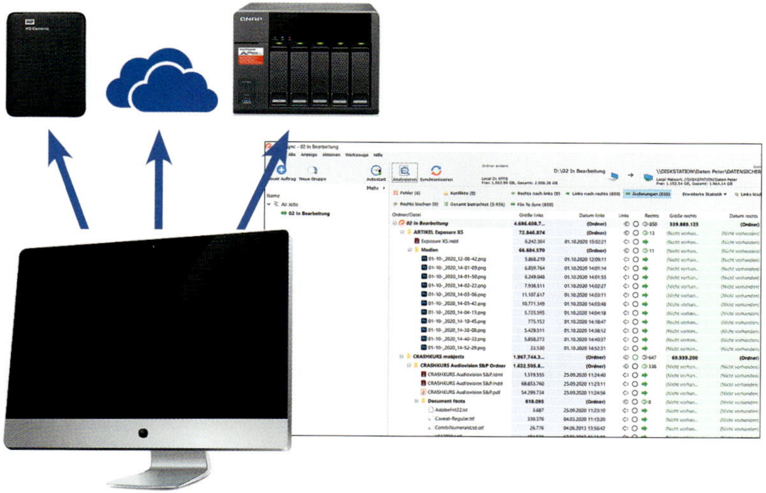

Tools für das Back-up

Gehen Sie den oben beschriebenen Weg, haben Sie eine Online-Kopie Ihrer Fotos und des Katalogs. Durch die integrierte Katalogsicherung haben Sie zudem auch eine Offline-Kopie Ihres Katalogs. Das Grundprinzip des Lightroom-Katalogs ist, dass hier nur Informationen zum Bild, zu den am Bild vorgenommenen Anpassungen und auch eine Bildminiatur gespeichert werden. Die Katalogsicherung speichert nicht die Medien. Und so fehlt eine Offline- und Offhouse-Kopie der Medien und eine Offhouse-Kopie des Katalogs. Diese lassen sich mit einem Datensicherungs- und Dateisynchronisationsprogramm wie **Goodsync** oder dem kostenlosen **FreeFileSync** erstellen.

Back-up mit FreeFileSync I

Zur Sicherung Ihrer Medien und gegebenenfalls des Lightroom-Katalogs wählen Sie in FreeFileSync die ① **Datenquelle** aus, also den Speicherort der zu sichernden Daten. Das wiederholen Sie für das ② **Ziellaufwerk**. Wechseln Sie von der ③ **Zwei Wege-Synchronisation** zum **Spiegeln**. Klicken Sie ④ **Vergleichen**. Das Programm zeigt Ihnen links die in der ⑤ **Datenquelle** gefundenen Ordner und Dateien und rechts die bereits auf dem ⑥ **Ziellaufwerk** vorhandenen beziehungsweise noch zu synchronisierenden Elemente. Deaktivieren Sie über die ⑦ **Checkboxen** bei Bedarf die Dokumente, die nicht synchronisiert werden sollen.

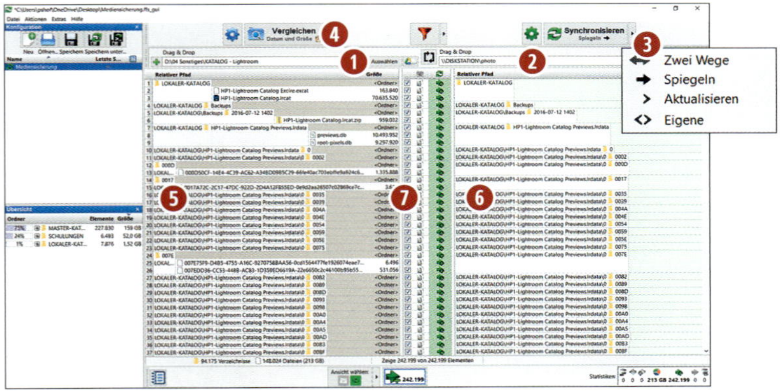

Back-up mit FreeFileSync II

Die Datensicherung beginnen Sie mit einem Klick auf Synchronisieren. Komfortabler gestaltet sich die Datensicherung, wenn Sie den Synchronisationsauftrag mit ① **Speichern** oder **Speichern unter** für den wiederholten Gebrauch sichern. Die ② **Sicherungsaufträge** finden Sie im Konfigurationsbereich. Mit einem Doppelklick wechseln Sie zwischen den Aufträgen. Zur weitergehenden Automatisierung der Datensicherung legen Sie einen Sicherungsauftrag als ③ **Batch-Datei** an. Im Dialog legen Sie dazu die ④ **Ausführungsparameter** und den Speicherort der Batch-Datei fest. Mit einem Doppelklick auf das ⑤ **Icon** der Datei starten Sie die Datensicherung.

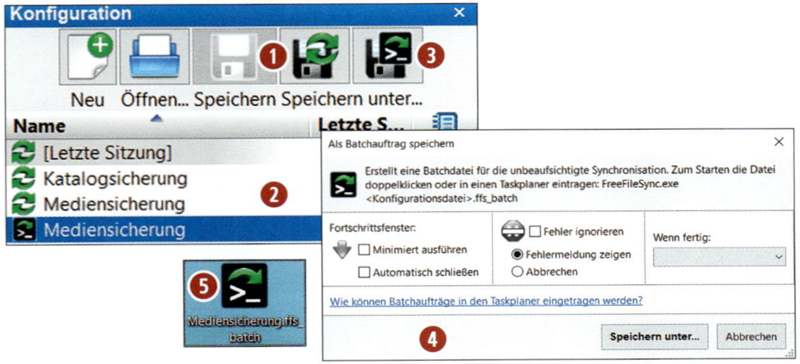

BEQUEM + GÜNSTIG + VIELE VORTEILE

Voller fotoforum Genuss im Kennenlern-Abo

Kennen Sie schon unser fotoforum Magazin? Sechs Mal im Jahr erscheint die hochwertig gedruckte Zeitschrift mit spannenden Reportagen, faszinierenden Bildergeschichten und aktuellen News rund um die Themen Fotografie und Präsentation

Sichern Sie sich alle Abo-Vorteile zum attraktiven Kennenlernpreis von nur 20 Euro (26 Euro außerhalb Deutschlands):

- ✓ Drei fotoforum-Ausgaben frei Haus
- ✓ Über 40 Prozent Ersparnis im Vergleich zum Einzelheft
- ✓ Kostenlose Teilnahme am fotoforum Award
- ✓ Kostenloser Premium-Account in der fotoforum Community
- ✓ Rabatt bei Workshops und Fotoreisen der fotoforum Akademie

www.fotoforum.de/mini-abo

Mehr Know-how aus der fotoforum Crashkurs-Reihe

Der schnelle Einstieg in die Bildbearbeitung

Jedes Buch
14,80 €

www.fotoforum.de/shop

fotoforum Crashkurs
Fotos scannen mit SilverFast

Peter Hoffmann

1. Auflage, 2021
ISBN 978-3-945565-15-5

© 2021 fotoforum-Verlag, Ludwig-Wolker-Straße 37, 48157 Münster
www.fotoforum.de

Konzeption, Gestaltung, Satz: fotoforum-Verlag, Münster
Redaktion: Christian Beck
Korrektorat: Annette Kortmann

Hinweise und Anmerkungen zum Buch:
redaktion@fotoforum.de

Die Deutsche Nationalbibliothek verzeichnet diese Publikation in der Deutschen Nationalbibliografie; detaillierte bibliografische Daten sind im Internet unter http://dnb.d-nb.de abrufbar.

Printed in Germany

Alle Rechte, auch das der Verwertung und Speicherung in anderen Medien, Reproduktion, Übersetzung oder des Vortrags, vorbehalten. Jegliche Vervielfältigung und Verwertung bedarf der Zustimmung des Verlages.

Obgleich alle Anstrengungen unternommen wurden, um die Richtigkeit der abgedruckten Angaben sicherzustellen, übernehmen weder Autor noch Verlag oder Herausgeber eine Haftung für eventuelle Fehler und deren Folgen.

Die in diesem Werk verwendeten Marken-, Produkt- und Handelsnamen, Warenbezeichnungen etc. können auch ohne ausdrückliche Kennzeichnung Marken sein und als solche den gesetzlichen Bestimmungen unterliegen.

Bildnachweis:
Titelseite und Rückseite:
Christian Beck, Peter Hoffmann
Seite 6: Pexels / Pixabay
Seite 14: Jarmoluk / Pixabay
Seite 20: InspiredImages / Pixabay
Seite 36: Free-Photos / Pixabay
Seite 70: brisch27 / Pixabay
Seite 79: Scapin / Pixabay
Alle anderen Bilder: Peter Hoffmann, fotoforum